大数据赋能高等教育

陈秋玲 彭贤杰 霍伟伟 周 炜 等著

上海大学出版社
·上海·

图书在版编目(CIP)数据

大数据赋能高等教育/陈秋玲等著. —上海：上海大学出版社，2023.11
ISBN 978-7-5671-4824-6

Ⅰ.①大… Ⅱ.①陈… Ⅲ.①高等教育—信息化—研究—中国 Ⅳ.①G649.2

中国国家版本馆 CIP 数据核字(2023)第 202424 号

责任编辑　石伟丽
封面设计　缪炎栩
技术编辑　金　鑫　钱宇坤

大数据赋能高等教育

陈秋玲　彭贤杰　霍伟伟　周　炜　等著
上海大学出版社出版发行
(上海市上大路 99 号　邮政编码 200444)
(https://www.shupress.cn 发行热线 021-66135112)
出版人　戴骏豪

*

南京展望文化发展有限公司排版
广东虎彩云印刷有限公司印刷　各地新华书店经销
开本 710mm×1000mm　1/16　印张 12.5　字数 211 千
2023 年 11 月第 1 版　2023 年 11 月第 1 次印刷
ISBN 978-7-5671-4824-6/G·3543　定价　68.00 元

版权所有　侵权必究
如发现本书有印装质量问题请与印刷厂质量科联系
联系电话: 0769-85252189

前言 | Foreword

高等教育数字化转型将深刻改变人才需求和教育形态，不仅全方位促进教与学方式的转变，对推动教育理念更新、模式变革、体系重构，破解教育新发展阶段面临的主要矛盾，支撑高等教育改革和高质量发展具有十分重要的意义。《大数据赋能高等教育》一书，基于时间维度、空间维度、制度维度、技术维度，系统分析大数据为何、何以、如何赋能高等教育。一是系统梳理高等教育信息化的发展进程、大数据赋能的特征事实以及教育数字化的趋势研判。二是通过比较研究法，对比分析大数据赋能高等教育的模式、发展生态，运用准自然实验及空间计量模型，对高等教育信息化的政策效应、新基建的空间溢出效应等进行实证研究。三是基于建构主义视角，从数字战略、制度体系、平台建设、技术支撑、数据安全、数字素养等方面，系统构建大数据赋能高等教育的实施路径和发展方略。四是通过案例分析，将项目组设计的大数据赋能高等教育框架体系应用到实际工作中，达到检验框架体系的科学性、可操作性和实效性。本书共包括如下9章内容。

第一章分析我国高等教育发展历程。我国高等教育经历了调整与探索式发展、恢复与跨越式发展、深化与内涵式发展、转型与高质量发展4个发展阶段，规模总体呈增长态势，人才培养质量逐步提升，学科专业结构不断优化，创新水平逐年提高，高等教育资源总体上呈现空间集聚特征，投入产出效率的区域差异呈下降趋势，高等教育人力、物力、财力的空间溢出效应存在异质性。

第二章梳理高等教育数字化特征事实。我国高等教育数字化发展历程分为转化与建设发展、转型与应用发展、智慧与创新发展3个阶段，高等教育正在进行全要素、全流程和各环节的重组、重塑与重构。本章从数字化环境、数字化办学、数字化管理和数字化保障4个维度构建高校数字化发展指标体系。高等教育数字化转型呈现出在线课程规模化、管理评价精准化与教学育人精细化等特点。

第三章从分析数字化战略、教育强国战略、教育现代化战略背景与高等教育发展的相关性着手,介绍高等教育治理体系从信息化阶段到数字化阶段的演变、大数据与高等教育结合的发展趋势以及大数据应用于高等教育治理路径的对策建议。

第四章以"人工智能助推教师队伍建设行动试点"为例,介绍试点高校通过建设智能化教育环境、提升教师智能教育素养和构建教师大数据,赋能高校教师发展的典型案例,总结促进人工智能助推高校教师队伍建设的经验与启示。

第五章基于数据治理的定义、核心内容和价值取向,比较分析高校数据治理的现状。在此基础上,进一步厘清高校数据中台的内涵、特征与功能,并提出高校数据中台的建设内容和建设流程。同时,为加速从数据到数据资产的价值转变,从5个方面对高校数据资产管理的核心内容进行介绍。

第六章归纳高校数据、5G移动通信、人工智能和智能算法等主要应用技术,介绍高校在数字化转型过程中面临的技术和管理等方面的挑战,从教学管理、科研创新和学生工作3个方面阐述数字化技术在高校建设中的应用,探讨数字化技术如何进一步赋能高校数字化转型,发掘数字技术在赋能教学、教师教学能力、学生学习和教学体系中的潜在价值。

第七章基于生命周期理论和风险耦合模型,面向高校数据的采集、存储、传输、加工、使用、共享、公开等全过程,从人为、技术、环境、制度等多维度,对高校数据安全的风险进行溯源,并构建全要素耦合、全方位、全链条、全时段的高校数据安全立体化预警监测与安全防护体系。

第八章介绍大数据赋能高质量发展的上海大学样本。上海大学聚焦重点领域和关键环节,大力开展业务大系统建设、数据治理、一网通办和一网统管实施工作,逐步推进AI+教育人工智能应用场景建设,分步推进学科智能计算服务共享平台建设;聚焦健全数据治理体系、建设基础数据中台、创新数据应用场景、加强转型资源保障等方面,充分释放数字化蕴含的巨大能量,依托数智化全方位赋能高质量发展,实现学校智慧教育、整体智治、高效协同。

第九章面向我国高等教育数字化要求,重点介绍某企业在信息技术与高校学科建设及教学过程管理业务深度融合方面的服务案例,围绕"数据资源＋数据治理＋软件开发＋咨询服务"一体的整体解决方案,从高等教育数据治理、学科建设、科教成果统计分析、大学生全过程培养管理等领域进行阐述,旨在通过案例介绍为国内高校学科建设水平和人才培养水平提升提供思路和参考。

目录 | Contents

第一章　我国高等教育发展历程 ··· 1
　　第一节　我国高等教育发展历程 ··· 1
　　第二节　我国高等教育投入产出分析 ·· 15
　　第三节　我国高等教育区域分布格局 ·· 27

第二章　我国高等教育数字化特征事实 ··· 41
　　第一节　我国高等教育数字化发展阶段 ······································ 41
　　第二节　我国高等教育数字化指标体系 ······································ 56
　　第三节　我国高等教育数字化发展特点 ······································ 65

第三章　大数据赋能高等教育的制度体系 ······································· 69
　　第一节　战略背景 ·· 69
　　第二节　治理体系的演变 ·· 72
　　第三节　"大数据＋高等教育"发展趋势 ···································· 77

第四章　大数据赋能高校教师发展的政策效应 ································· 79
　　第一节　人工智能助推教师队伍建设行动试点 ····························· 79
　　第二节　智能化教育环境建设 ·· 84
　　第三节　教师智能教育素养提升 ··· 87
　　第四节　教师大数据建设与应用 ··· 89

第五章　大数据赋能高等教育的中台建设 ······································· 93
　　第一节　高校数据治理 ·· 93

第二节　高校数据中台……101
第三节　高校数据资产管理……106

第六章　大数据赋能高等教育治理实践……110
第一节　高校数字化建设关键技术……110
第二节　高校数字化转型面临的挑战与困难……117
第三节　数字化技术在高校建设中的现有应用……119
第四节　数字化技术如何进一步赋能高校数字化转型……122

第七章　高校数据安全的风险溯源及防护体系构建……132
第一节　问题的提出及文献回顾……132
第二节　高校数据安全特征化事实分析……134
第三节　高校数据安全风险点研判……138
第四节　高校数据安全防护体系的构建……140

第八章　大数据赋能高校高质量发展的上海大学样本……143
第一节　数字化转型背景……143
第二节　打造数字化转型支撑体系……145
第三节　建设大数据综合管理及可视化平台……146

第九章　大数据赋能高校高质量发展的企业案例……153
第一节　Z企业教育数字化业务概述……153
第二节　国家政策和高校现状……154
第三节　工作思路……157
第四节　解决方案……163

主要参考文献……183

后记……191

第一章
我国高等教育发展历程

本章从高等教育发展阶段、投入产出、区域分布格局3个层面分析我国高等教育发展历程。我国高等教育经历了调整与探索式发展、恢复与跨越式发展、深化与内涵式发展、转型与高质量发展4个发展阶段,规模总体呈增长态势,人才培养质量逐步提升,学科专业结构不断优化,创新水平逐年提高,高等教育资源总体上呈现空间集聚特征,高等教育投入产出效率的区域差异呈下降趋势,高等教育人力、物力、财力的空间溢出效应存在异质性。

第一节 我国高等教育发展历程

马丁·特罗(Martin Trow)于20世纪70年代将高等教育发展过程划分为精英高等教育、大众化高等教育和普及化高等教育3个阶段,其中:精英高等教育阶段毛入学率处于15%以内,大众化阶段处于15%~50%,普及化阶段超过50%。

1978年,我国高等教育毛入学率只有1.55%;1992年出现拐点,1999年实施"高校扩招"政策后迅速上升,2002年达到15%,标志着高等教育从精英阶段进入大众化阶段;2019年为51.6%,进入普及化阶段(见图1-1)。

黄兴胜(2019)提出中国高等教育强国建设历史进程的3个阶段为"调整与探索—奠定基础,恢复与发展—实现跨越,深化与提高—追求一流"。本节借鉴此3个阶段,并结合我国高等教育相关政策和高等教育阶段理论,将我国高等教育发展历程划分为4个阶段:1949—1977年是"调整与探索式发展"阶段,改造旧教育模式与理念,学习苏联教育模式,初步建设新的高等教育体系;1978—1998年是"恢复与跨越式发展"阶段,恢复高等教育发展,规范高等教育管理,实施教育体制改革,加快科教兴国战略的实施;1999—2019年是"深化与内涵式发展"阶段,主要深化体制改革,探索中国高等教育内涵式发展道路;2019年至今是"转型与高质量发展"阶段,通过数字化手段,改革与转型高等教育培养方式、理念,优化和调整学科专业与课程结构,提升办学水平与人才培养质量,促进高等教育高质量发展(见图1-2)。

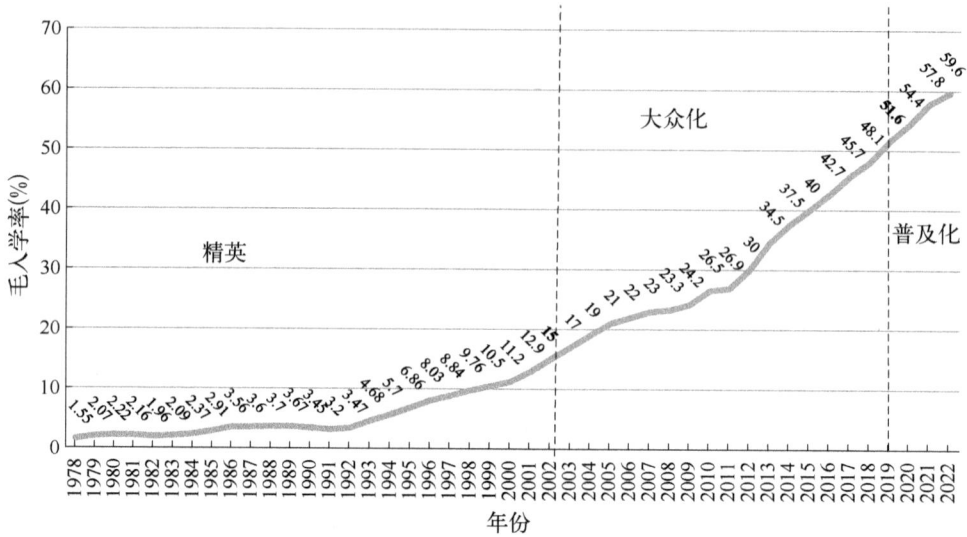

图1-1 我国高等教育毛入学率(1978—2022年)

数据来源:国家统计年鉴

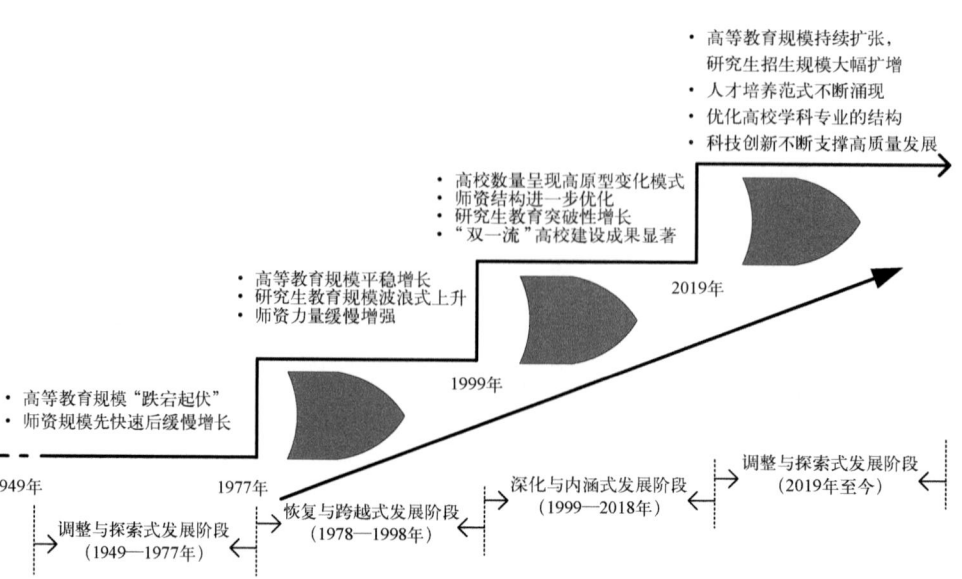

图1-2 1949年以来我国高等教育发展历程

一、调整与探索式发展阶段(1949—1977 年)

新中国建设初期,我国高校还残留着民国时期的教育办学模式与思想,不能满足人民民主专政政权的组织结构模式、意识形态建构方式和社会经济文化发展需要,亟须接管、接办和有效改造,高等教育的目标、方针、内容、方法等也有待重建。1949 年 12 月 23 日至 31 日,第一次全国教育工作会议召开,教育部长马叙伦指出,新中国的教育工作一方面要改革反映旧政治旧经济、为帝国主义和封建买办统治服务的旧教育,另一方面要建设反映新政治经济、民族的、科学的、大众的新民主主义教育。

如何快速建设新中国,积极探索新中国高等教育办学模式,便成为党和政府实现国家目标的重要途径。此阶段,我国学习苏联模式,对原有的私立高校采取了积极支持、逐步改造和重点补助的方针政策,实施院系调整和重点大学建设方案,加快高校课程改革,重塑高等教育体系,探索与建设新时期的高等教育体系(见表 1-1)。

表 1-1　1949—1978 年我国高等教育相关政策及导向

年份	相 关 政 策	政策导向
1949	《各大学专科学校文法学院各系课程暂行规定》	高校课程改革
1950	《关于高等学校领导关系的决定》 《高等教育暂行规程》 《关于实施高等学校课程改革的决定》	
1952	《关于全国高等学校 1952 年的调整设置方案》	院系调整,仿照苏联教学模式
1953	《中央人民政府高等教育部关于一九五三年全国高等学校院系调整的计划》	
1958	《关于高等学校和中等技术学校下放问题的意见》	摸索出契合中国国情的高等教育发展道路
1959	《关于在高等学校中指定一批重点学校的决定》	
1960	《关于增加全国重点高等学校的决定》	
1961	《教育部直属高等学校暂行工作条例(草案)》("高教六十条")	

(一) 高等教育规模"跌宕起伏"的摸索式发展

经过 30 年高等教育政策的实施,高校在校生规模总体上呈现先增长后下降再平缓的变化趋势。新中国成立初期,我国仅有 205 所高等学校,在校本专科学生不足 12 万人。1958 年 9 月,《关于教育工作的指示》提出"应该大力发展中等教育和高等教育,争取在十五年左右的时间内,基本上做到使全国青年和成年,凡是有条件的和自愿的,都可以受到高等教育。"此后 3 年间,高等教育出现"跃进"式发展,高校数量与学生规模迅速猛增,其中高校数量由 1957 年的 229 所迅速增长到 1960 年的 1 289 所,高校在校生人数由 1957 年的 44.1 万人迅速增长到 1960 年的 96.2 万人。在纠正教育工作"大跃进"和高等教育遭受"文革"破坏后,高校数量迅速下滑,随后又平稳较缓上升,1977 年我国有 404 所高等学校,在校学生数量近 62.53 万人。总体而言,该阶段"跌宕起伏",高等教育基础不稳,平均每年增加 6.9 所高校,但整体增长率不高,年均增长率为 2.45%。详细数据见图 1-3。

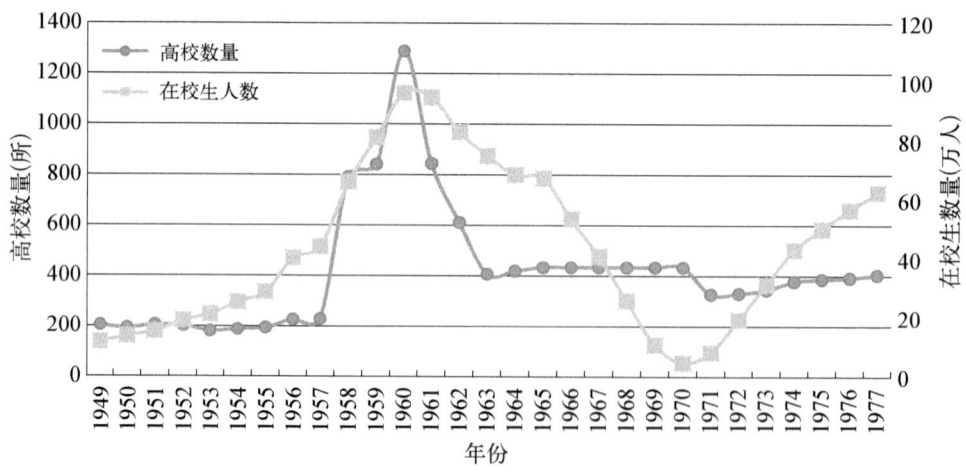

图 1-3 1949—1978 年我国普通高等学校及在校生规模

数据来源:《新中国 60 年统计资料汇编》

(二) 高校师资规模先快速后缓慢增长

高校师资力量不断增强。我国高校专任教师与教职工数量均呈先快速增长后平稳增长趋势,但专任教师数量变化趋势缓于教职工。高校专任教师数量从 1949 年的 1.6 万人增长到 1977 年的 18.6 万人,扩大了 11.6 倍;高校教职工数量从 1978 年的 52 万人增长到 1998 年 103 万人,扩大了 10.3 倍(见图 1-4)。

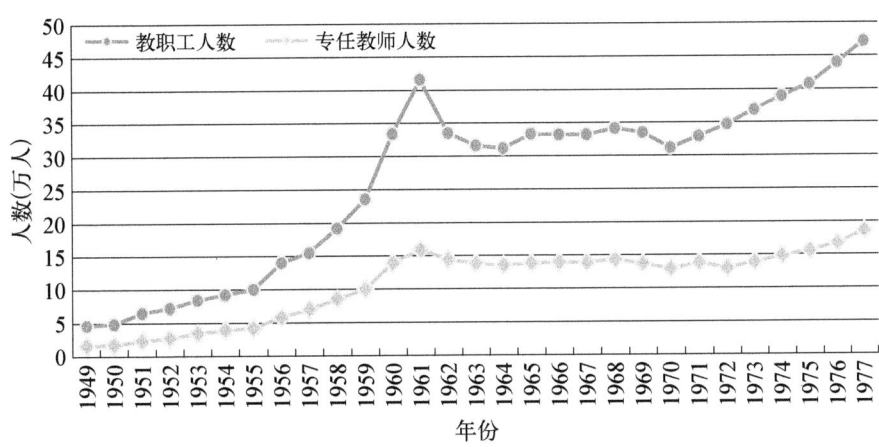

图 1-4　1949—1978 年我国普通高等学校及在校生规模

数据来源：《新中国 60 年统计资料汇编》

二、恢复与跨越式发展阶段（1978—1998 年）

1978 年 2 月，国务院转发教育部《关于恢复和办好全国重点高等学校的报告》，恢复并确定全国重点高校 88 所，调整和恢复高校管理体制，迅速提高高等教育的水平。

国家大力实施科教兴国战略、不断调整和完善高等教育体制机制、深化高等教育改革、扩大对外开放，为高等教育恢复发展再次注入新鲜血液，高等教育建设进入了恢复和跨越式发展新的历史时期。这一阶段，国家颁布了全面重建快速发展、体制改革与规范管理等 3 个方面高等教育相关政策（见表 1-2），继续探索符合中国国情的高等教育体系，进一步促进高等教育在规模、结构、质量、效益等方面的跨越式发展，形成高等教育规模发展和质量建设的良性机制。

表 1-2　1978—1998 年我国高等教育部分政策

年份	相 关 政 策	政策导向
1978	《关于恢复和办好全国重点高等学校的报告》	恢复和办好全国重点高等学校
1983	《关于加速发展高等教育的报告》	教育必须先行，加速发展高等教育
1985	《关于教育体制改革的决定》	高等教育体制改革
1990	《普通高等学校学生管理规定》	规定学生入学到毕业在校阶段的管理

续　表

年份	相　关　政　策	政　策　导　向
1993	《关于重点建设一批高等学校和重点学科点的若干意见》	深化教育体制改革,提高高等学校的教育规模、质量、科研水平和办学效益
	《关于加快改革和积极发展普通高等教育的意见》	
	《中国教育改革和发展纲要》	
1995	《"211工程"总体建设规划》	
1996	《全国教育事业"九五"计划和2010年发展规划》	
1998	《面向21世纪教育振兴行动计划》	
	《中华人民共和国高等教育法》	规定高等教育事业活动的法律

(一) 高等教育规模总体上稳健增长

这一阶段,我国科教工作步入新的发展轨道,高等教育规模逐年增加。高校扩张的主要方式有3种:一是各类高校相继复校,政法、财经、艺术类高校逐步建立起来;二是部分中专升格为大专或本科院校;三是建立新分校。1998年,普通高校达1 022所,在校生达到340万人(见图1-5)。总体而言,该阶段为稳健增长期,平均每年增加21所高校,年均增长率为2.86%。

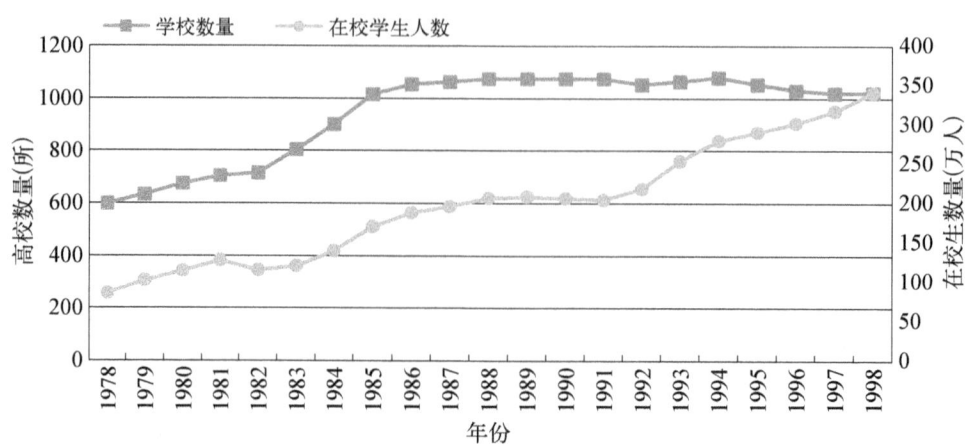

图1-5　1978—1998年我国普通高等学校及在校生规模

数据来源:国家统计局

(二) 研究生教育规模波浪式上升

高等教育量质并重,大力发展研究生教育,研究生招生数、在校生数与毕业生数呈现波浪式上升。1978年,普通高校研究生招生数接近1.07万人,在校学生数为1.09万人,毕业生数为9人;1998年,普通高校研究生招生数接近19.89万人,在校学生数为7.25万人,毕业生数为4.71万人,分别是1978年的6.70倍、18.20倍和5 230倍(见图1-6)。

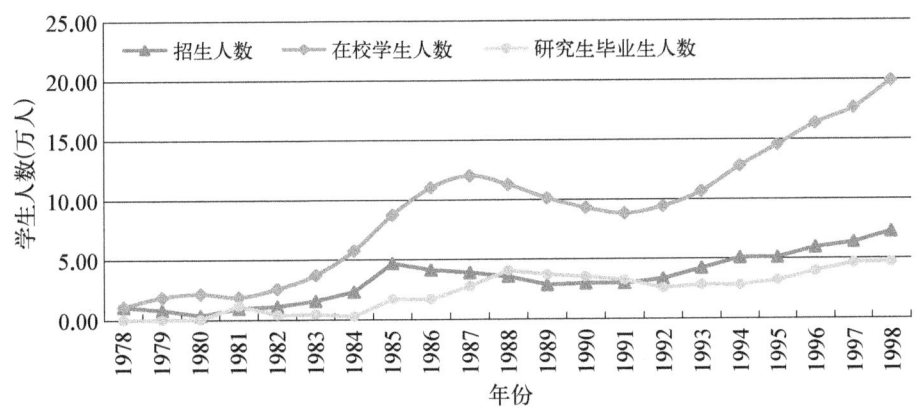

图1-6 1978—1998年我国普通高等学校研究生规模

数据来源:国家统计局

(三) 师资力量缓慢增长

高等教育教师规模也不断扩大,专任教师与教职工数量缓慢增长。其中,普通高校专任教师总人数从1978年的21万人增长到1998年的41万人;普通高校教职工人数从1978年的52万人增长到1998年的103万人(见图1-7)。

三、深化与内涵式发展阶段(1999—2018年)

1999年,国家启动"面向21世纪教育振兴行动计划",加快了高等教育大众化进程。随着社会经济快速发展,对高级专门人才的极大需求与供给不足之间的矛盾日益突出,倒逼高等教育走内涵式发展路径。

高等教育发展的规律表明,质量始终是制约高等教育发展的关键因素,发展不只是数量扩张的过程,同时也是质量不断提高的过程,需要依靠提高质量来巩

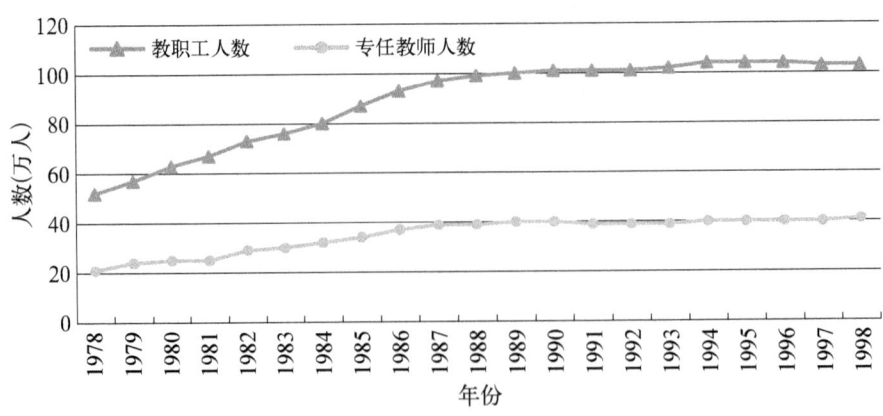

图 1-7　1978—1998 年我国普通高等学校教师规模

数据来源：国家统计局

固数量增长。为解决高等学校存在的过度扩张、大而不强、竞争缺失、发展不均衡与政府过多管理等一系列问题，国家陆续颁布了关于体制改革、重点高校建设、中西部高等教育均衡发展的高等教育相关政策，提出要走内涵式发展道路。

表 1-3　1999—2019 年我国高等教育重点政策

年份	相 关 政 策	政策导向
1999	《关于扩大 1999 年高等教育招生规模的紧急通知》	高等教育规模扩张
2004	《2003—2007 年教育振兴行动计划》	内涵式发展，提高高等教育质量
2010	《国家中长期教育改革和发展规划纲要（2010—2020 年）》	
2012	《高等学校创新能力提升计划》	
	《关于全面提高高等教育质量的若干意见》	
2013	《中共中央关于全面深化改革若干重大问题的决定》	体制机制建设和改革
2014	《关于进一步落实和扩大高校办学自主权完善高校内部治理结构的意见》	
2017	《关于深化教育体制机制改革的意见》	
2015	《统筹推进世界一流大学和一流学科建设总体方案》	重点高校建设

续 表

年份	相 关 政 策	政策导向
2016	《关于加快中西部教育发展的指导意见》	提升中西部高等教育发展水平
2018	《关于全面深化新时代教师队伍建设改革的意见》	教师队伍建设改革
2019	《加快推进教育现代化实施方案（2018—2022年）》	教育现代化
	《中国教育现代化2035》	教育强国

（一）高校数量呈现高原形变化趋势

1999—2018年，我国高校数量呈现先加速增长后降速增长的高原形变化趋势，年均增加90所高校，年均增长率为4.91%。其中：1999—2008年高校数量年均增长率为8.48%，2001—2004年超过11%，2008年高校数量突破2 000所。2009—2018年高等教育规模逐步得到控制，发展路径转变为"以质图强"，走向以全面提升质量为核心的高等教育内涵式发展道路。2018年，我国普通高校达2 633所，研究生培养机构有815所，普通本专科在校生2 831万人（见图1-8）。总体而言，该阶段处于均衡发展时期，高等教育基础较为稳固。

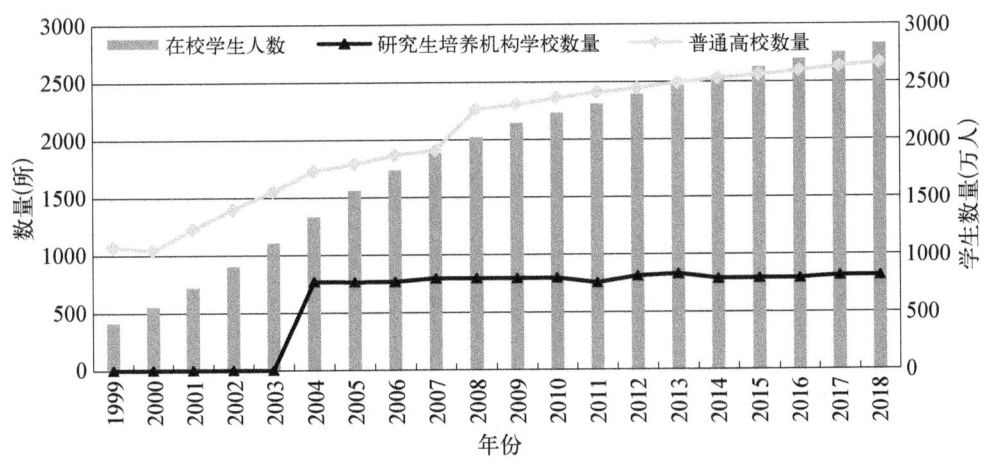

图1-8 1999—2018年我国普通高等教育规模发展情况

数据来源：国家统计局

(二) 师资结构进一步优化

普通高校教师学位层次普遍提高,师资结构进一步优化。2018年,我国普通高等学校专任教师为167万人,相比1999年的43万人,增幅达288%;普通高校教职工人数从1999年的107万人增长至2018年的249万人,增幅达133%(见图1-9)。教师学位层次继续提高。据教育部统计,2019年普通高校研究生学位教师占比为73.6%。

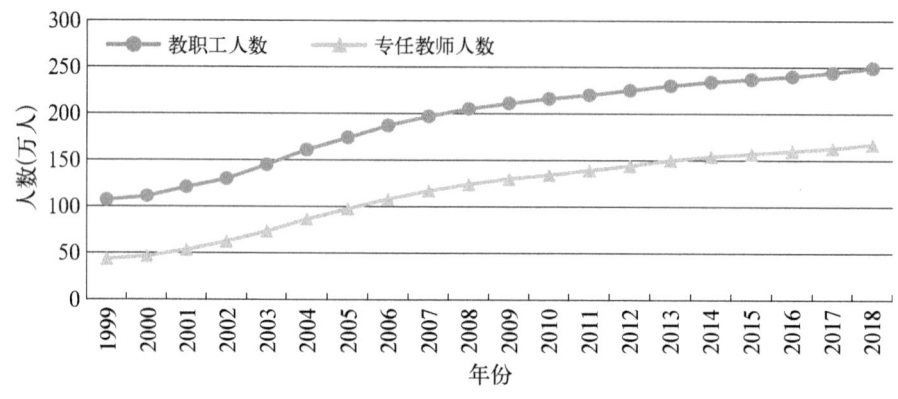

图1-9　1999—2018年我国普通高等学校教师规模

数据来源:国家统计局

(三) 研究生教育规模快速增长

1999—2018年,我国研究生教育走上内涵式发展道路,规模快速增长。1999年,普通高校研究生招生数9.22万人。2018年,普通高校研究生招生数接近85.80万人,是1978年的9.3倍,其中,博士招生数为9.55万人,硕士招生数为76.25万人,分别约为2004年博士招生数(5.33万人)、硕士招生数(27.30万人)的1.8倍和2.8倍(见图1-10)。

四、转型与高质量发展阶段(2019年以来)

高等教育的高质量发展与经济产业格局变动密不可分(李海龙,2023)。2019年,我国建成世界最大规模的高等教育体系,成为最主要的人力资源供给阵地、科学研究和社会服务的重要阵地。在教育结构失衡、学科专业滞后、高层次人才供求不平衡等内部问题,以及基于数智技术的科技与产业变革、关键技术卡脖子等外部问题的叠加冲击下,高等教育亟待从外延式的数量扩张向结构协调的高质量发展转型。

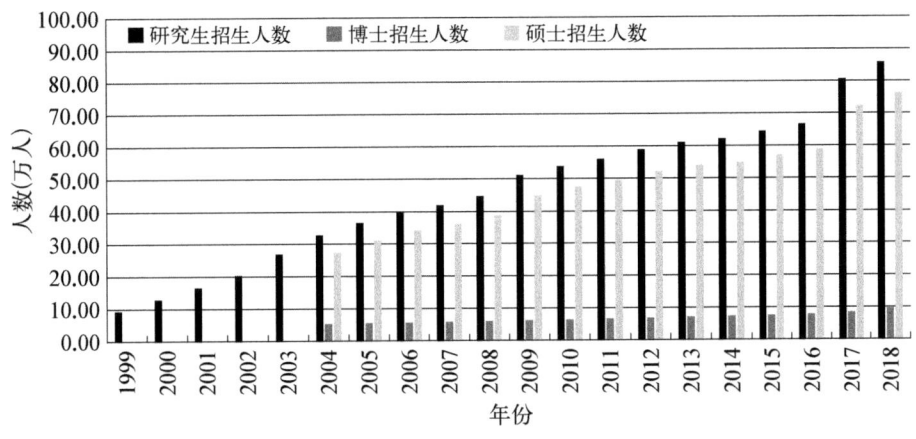

图 1-10 1999—2018 年普通高等学校研究生教育规模

数据来源：国家统计局

从政策层面看，国家先后出台了高等教育质量提升、评价改革、资源配置、队伍建设、人才培养、基础教学组织建设、中西部教育与数字化建设等相关政策（见表 1-4），旨在缓解人才链、创新链与产业链脱节的问题。

表 1-4 2019 年至今我国高等教育部分相关政策

年份	政 策 文 件	政 策 导 向
2019	《中国教育现代化 2035》	形成充满活力、富有效率、更加开放、有利于高质量发展的教育体制机制
	《关于促进文化和科技深度融合的指导意见》	加强新型学科建设和发展
2020	《深化新时代教育评价改革总体方案》	教育评价
2021	《关于"十四五"时期高等学校设置工作的意见》	统筹资源配置、合理调整规模、严把设置质量
	《中华人民共和国国民经济和社会发展第十四个五年规划和 2035 年远景目标纲要》	建设高质量高等教育体系
	《关于深入推进世界一流大学和一流学科建设的若干意见》	推进中国特色"双一流"高校建设
	《关于新时代振兴中西部高等教育的意见》	提升中西部高等教育发展水平

续　表

年份	政　策　文　件	政　策　导　向
2021	《关于推进教育新型基础设施建设构建高质量教育支撑体系的指导意见》	教育新基建,高质量教育支撑体系
2022	《教育部2022年工作要点》	实施教育数字化战略行动
2022	《关于加强基础学科人才培养的意见》	基础学科人才培养
2022	《关于加强普通高等学校在线开放课程教学管理的若干意见》	在线开放课程教学管理
2022	《面向2035高校哲学社会科学高质量发展行动计划》	哲学社会科学高质量发展
2022	《关于加强高校有组织科研推动高水平自立自强的若干意见》	加强高校有组织科研
2023	《普通高等教育学科专业设置调整优化改革方案》	推进高等教育高质量发展,建设高质量高等教育体系

（一）高等教育规模持续扩大

我国高等教育规模持续扩大,高等教育毛入学率由2019年的51.6%提升至2022年的59.6%,提升了8个百分点。其中：本科招生人数逐年增加,专科招生人数先增后减,研究生招生人数大幅扩增（见表1-5）。

表1-5　2019—2022年我国研究生招生和普通本专科招生增长率

年份	毛入学率（%）	招生人数（万人）				增长率（%）			
		本科	专科	硕士	博士	本科	专科	硕士	博士
2019	51.6	422.16	483.61	81.13	10.52	2.2	31.1	6	9.2
2020	54.4	431.29	524.34	99.05	11.60	2.7	8.4	22.1	10.3
2021	57.8	443.12	552.58	105.07	12.58	0.3	5.3	6.1	8.4
2022	59.6	444.60	546.56	110.35	13.90	5.3	−0.01	5.0	10.5

数据来源：国家统计年鉴

(二) 人才培养模式不断涌现

2023年2月,教育部高等教育司发布《高等教育数字化工作进展情况》,介绍了如何落实教育数字化战略行动部署以及高等教育数字化取得的成效(见表1-6)。新一代信息技术与教育教学深度融合,实现线上线下教学"一键切换",融合"互联网+""智能+"技术的教学改革已成为我国高等教育的重要发展方向,线上线下混合式教学等新的教育形态和新的人才培养模式快速涌现。高等教育高质量发展以数字化转型为契机,通过对人才培养机制、培养模式、管理方式的不断重塑,改变高等教育发展进程。

表1-6 我国高等教育数字化取得的成效

教育数字化行动	成效
国家高等教育智慧教育平台	提供了2.7万门优质慕课、虚拟仿真实验; 6.5万余件教材、视频等各类学习资源
"慕课西部行计划"2.0	为西部高校提供的慕课及订制课程服务4.5万门; 帮助西部地区开展混合式教学176.9万门次; 参与学习学生2.5亿人次; 培训西部教师35.5万人次

(三) 高校学科专业结构不断优化

随着大数据、人工智能等新一代信息技术的高速发展,我国高等教育学科专业结构调整也在不断推进。2023年2月,教育部等五部门发布的《普通高等教育学科专业设置调整优化改革方案》提出,"到2025年,优化调整高校20%左右学科专业布点,新设一批适应新技术、新产业、新业态、新模式的学科专业,淘汰不适应经济社会发展的学科专业"。

从新增备案本科专业的高校数量来看,我国高校不断调整自身的学科设置。2019—2022年,人工智能、智能制造工程、数据科学与大数据技术、大数据管理与应用、机器人工程等专业备受高校青睐(见表1-7)。高校主动服务国家战略、区域经济社会和产业发展需要,推进新工科、新医科、新农科、新文科建设,增设文理、理工、医工等交叉融合的新专业,如智能制造工程、智慧农业、智能医疗工程等。

表 1-7　2019—2022 年我国高校新增专业高校数量

单位：所

年份	人工智能	智能制造工程	数据科学与大数据技术	大数据管理与应用	机器人工程	智能医疗工程	软件工程	数字经济	集成电炉设计与集成系统	智慧农业	金融科技
2019	180	80	138	52	62	16	13	/	/	/	15
2020	130	84	62	59	53	23	9	24	10	13	38
2021	95	53	34	42	21	17	15	41	26	13	27
2022	59	39	30	38	19	7	12	77	22	9	22

（四）科技创新不断支撑高等教育高质量发展

近年来，我国科技创新成果数量不断增加，科技进步贡献能力不断提升，推动科技创新全面支撑高等教育高质量发展（见表 1-8）。

表 1-8　2019—2021 年我国科技创新成果

成　果　名　称	单位	2019 年	2020 年	2021 年
重大科技成果合计	项	68 562	76 521	78 655
基础理论	项	7 009	7 678	8 791
应用技术	项	59 903	67 108	68 199
软科学	项	1 650	1 735	1 665
高技术产业发明专利申请	件	162 472	174 641	197 462
发表科技论文	万篇	195	195.17	203.42
科技成果登记	项	68 562	76 521	78 655
中国创新指数	/	228.3	242.6	264.6

习近平总书记指出，"科学技术是世界性的、时代性的，发展科学技术必须具有全球视野"。党的二十大报告提出："扩大国际科技交流合作，加强国际化科研

环境建设,形成具有全球竞争力的开放创新生态。"我国不断拓展国际科技交流合作的广度和深度,截至 2021 年中外合著科技论文数量已达 18.3 万篇(见表 1-9),合作伙伴涉及 169 个国家。我国深度参与国际大科学计划和大科学工程,截至 2022 年 11 月已参与国际热核聚变实验堆、平方公里阵列射电望远镜等近 60 个国际大科学计划和大科学工程。

表 1-9 2019—2021 年我国科学研究交流情况

项　　目	单　位	2019 年	2020 年	2021 年
按出国项目分合计	项	92 362	11 850	13 461
考察访问	项	15 396	1 342	1 532
国际会议	项	42 950	4 963	6 724
合作研究	项	16 977	2 239	1 938
按来华项目分合计	项	32 437	6 173	11 151
考察访问	项	14 656	2 189	2 796
国际会议	项	4 803	1 280	2 620
合作研究	项	8 559	1 602	3 240
中外合著科技论文	万篇	13.0	14.5	18.3

数据来源:《中国科技统计年鉴》

(五)中国特色哲学社会科学体系加快构建

一个国家哲学社会科学的水平是国家软实力的重要组成部分。党的二十大报告指出:"深入实施马克思主义理论研究和建设工程,加快构建中国特色哲学社会科学学科体系、学术体系、话语体系,培育壮大哲学社会科学人才队伍。"各高校深入贯彻落实党的二十大精神,开启了加快构建中国特色哲学社会科学体系的步伐。

第二节　我国高等教育投入产出分析

本节基于教育经济学视角分析我国高等教育投入产出,其中高等教育投入包括人力、财力和物力投入,高等教育产出主要包括人才培养和科研产出。常用于衡量高等教育投入产出的主要指标见表1-10。

表1-10 高等教育投入产出主要衡量指标

投入		产出	
人力	教职工总人数	培养学生	毕业生数量
	教职工副高职称以上比例		留学生毕业生数量
	专任教师数	科研产出	国外学术期刊发表的论文数量
	全时研发人员数量		全国百篇优秀博士论文数量
财力	教育经费总投入		向国际学术委员会提交的论文数量
	科研经费总投入		出版专著数量
	其他经费投入		国家科技进步奖项
物力	校舍面积		省部级科研奖
	实验室和实习场所面积		国家级项目验收输入
	图书馆面积/图书数量		技术转让当年实际收入金额
	教室面积		高等学校发明专利申请授权数量
	固定资产		/

一、高等教育的投入

(一)高等教育的人力投入

1. 专人教师与教职工数量持续上升

高等教育人力投入涵盖了教育系统中所有的工作者,既包括高等院校中的专任教师,也包括为学生提供服务的行政人员、教辅人员以及工勤人员等。尽管在学校的运行和管理中行政人员、教辅人员以及工勤人员扮演了不可或缺的重要角色,但作为衡量教育核心投入资源的专任教师才是人才培养、科学研究和社会服务等具体工作的执行者,在提升教育质量和科研水平中起着至关重要的作用。图1-11展示了我国2000—2020年专任教师和教职工人数的投入情况,其中专任教师人数由 46 万人增长至 183 万人,增长了近 4 倍;教职工人数由 111 万人增长至 267 万人,增长了 1.4 倍。可以发现专任教师人数增长的幅度大于教职工人数,教育投入的核心人员数量增长更快。

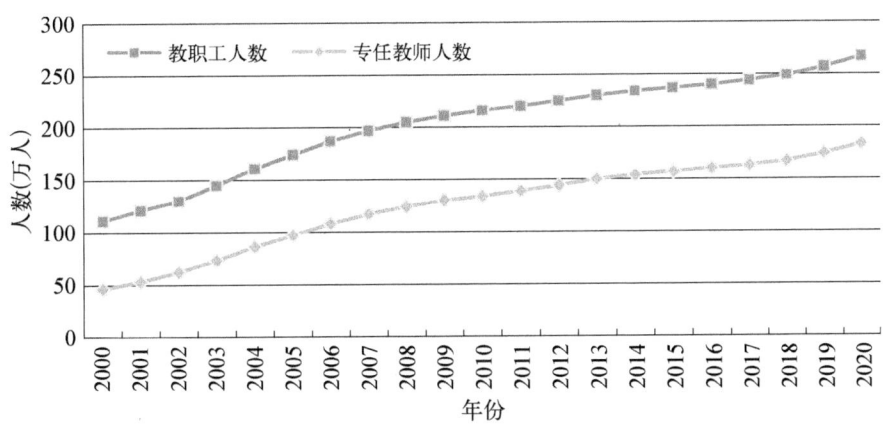

图 1-11　2000—2020 年我国普通高等学校专任教师及学校教职工投入情况

数据来源:国家统计局

2. 科技研发人员数量缓慢增长

研发人员是研发创新活动的主要支撑力量,有的研究也将全时研发人员的数量用作衡量高等学校科研能力的指标。图 1-12 显示了我国 2000—2020 年高等学校科研和开发机构研究与实验发展折合全时人员的数量情况,由每年

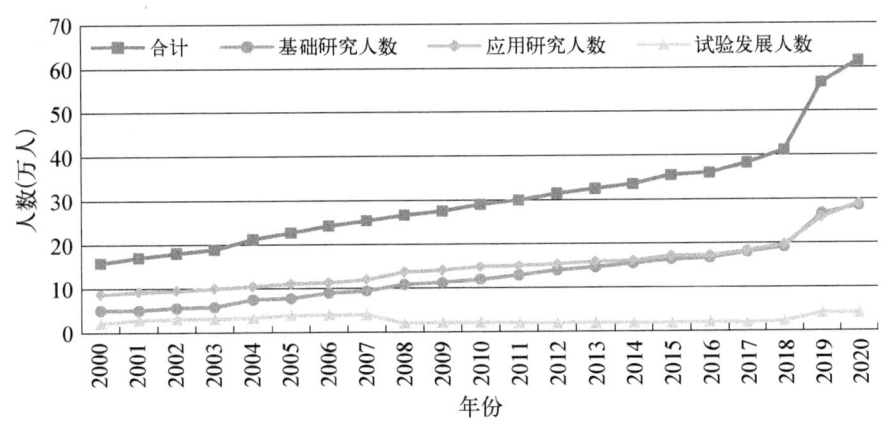

图 1-12　2000—2020 年我国高等学校科研和开发机构研究与试验发展折合全时人员情况

数据来源:国家统计局

15.9万人增长至每年61.48万人,增长了2.87倍。其中,高等教育主要在基础研究与应用研究方面科研能力较强,而试验发展的科研能力相对较弱。

(二)高等教育的财力投入

1. 高等教育经费支出持续上升

高等教育的财力投入一般指的是高校所能获得的各类经费支持的总和。我国目前高等教育财力投入主要分为国家财政教育经费、民办学校办学经费、社会捐赠经费、事业收入以及其他收入。其中高等教育财政教育经费在高等教育经费投入中超过60%,事业收入占比超过33%。因此一般选择综合性较强的高等教育经费支出作为衡量高等教育财力投入的主要指标。图1-13所示为2000—2020年我国高等教育经费支出变化情况,由609.35亿元增长至13 312.99亿元,增长了近21倍,呈现出显著增长的趋势。

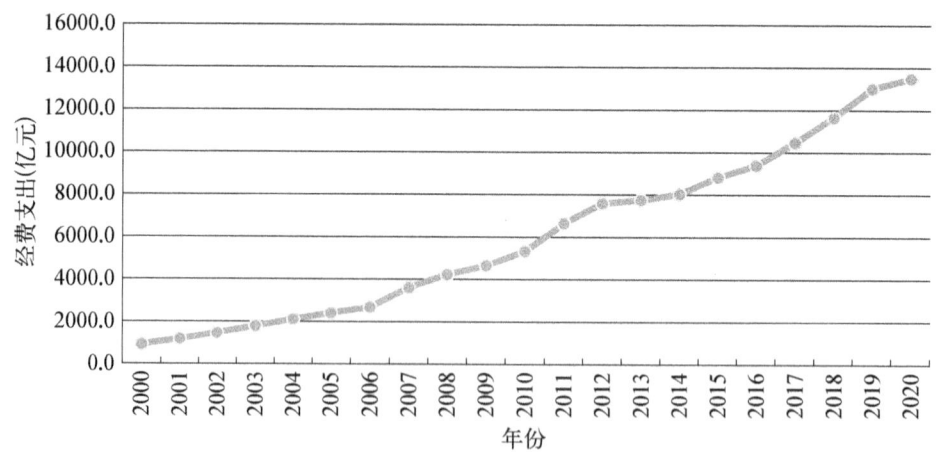

图1-13 2000—2020年我国高等教育经费支出情况

数据来源:国家统计局

2. 科技经费投入大幅增长

从高等学校科研活动的角度来看,高校科研水平也容易受到科研经费投入的制约。图1-14所示为2000—2020年我国高等学校研究与试验发展经费的支出情况,由76.7亿元增长至1 882.48亿元,增长了23.5倍,同样呈现大幅增长趋势。其中,基础研究与应用研究的研究与试验发展经费支出的增速要远远高于试验发展经费支出的增速。

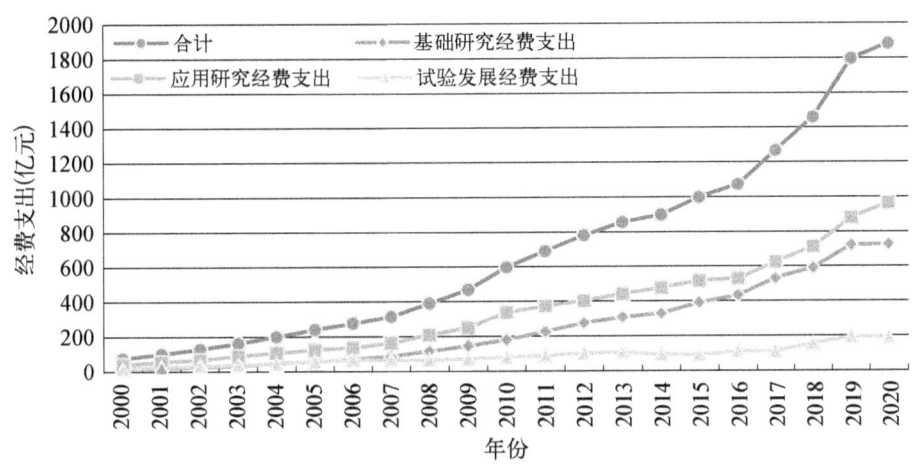

图 1-14　2000—2020 年我国高等学校研究与试验发展经费支出情况

数据来源：国家统计局

另外，高等学校研究与试验发展经费支出在高等教育经费支出中的占比由 8.29% 增长至 13.97%，这一比重逐步提高，反映出我国高校科研活动活跃度逐年提高的情况。

(三) 高等教育的物力投入

高等教育的物力投入通常指高校维持正常运营所需要用到的各种物质资源。一般包括固定资产、校舍面积、图书数量、图书馆面积、教室数量、实验室和实习场所面积。从研究的角度出发，用货币衡量的固定资产代表性更强，能够较为全面地反映高等学校物力投入情况。

1. 高等学校固定资产波动式上升

随着高等教育规模的不断扩大，高校固定资产的数量和价值也随之增长。图 1-15 所示为 2000—2020 年我国高等学校固定资产的变化情况，由 249.38 亿元增至 1 420.66 亿元，增长了约 4.7 倍。

2. 高等学校基础设施建设面积稳步增长

图 1-16 所示为 2000—2020 年我国高等学校教室、图书馆、实验室及实习场所的占地面积变化情况。教室面积由 0.26 亿平方米增长至 1.37 亿平方米，增长了约 4.3 倍；图书馆面积由 0.09 亿平方米增长至 0.48 亿平方米，增长了 4.3 倍；实验室及实习场所面积由 0.28 亿平方米增长至 1.62 亿平方米，增

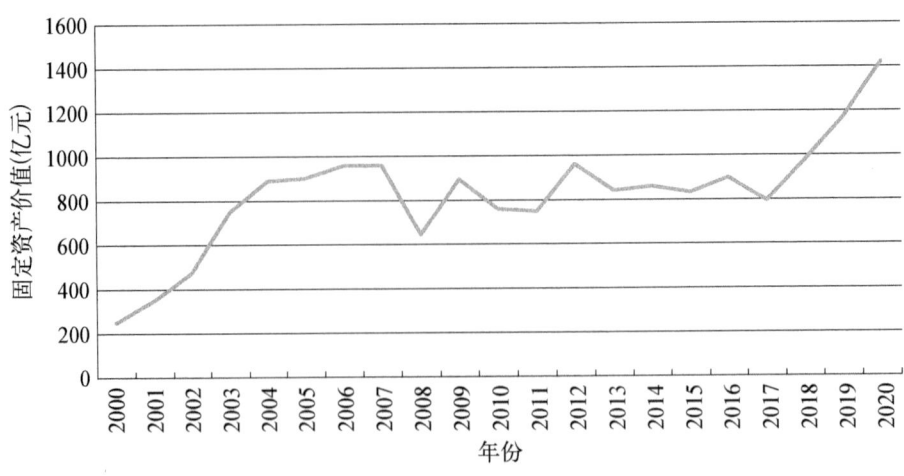

图 1-15　2000—2020 年我国高等学校固定资产变化情况

数据来源：国家统计局

长了近 4.8 倍。从增长速度来看，实验室及实习场所和图书馆扩张较快；从增长的特征来看，教室、图书馆和实验室及实习场所基本保持同步增长的趋势，但总量上并不一致，这说明高等学校对课程教育和实践教育的物质资源配比不均衡。总体来看，三者的变化反映出我国高等学校基础设施建设面积稳步增长。

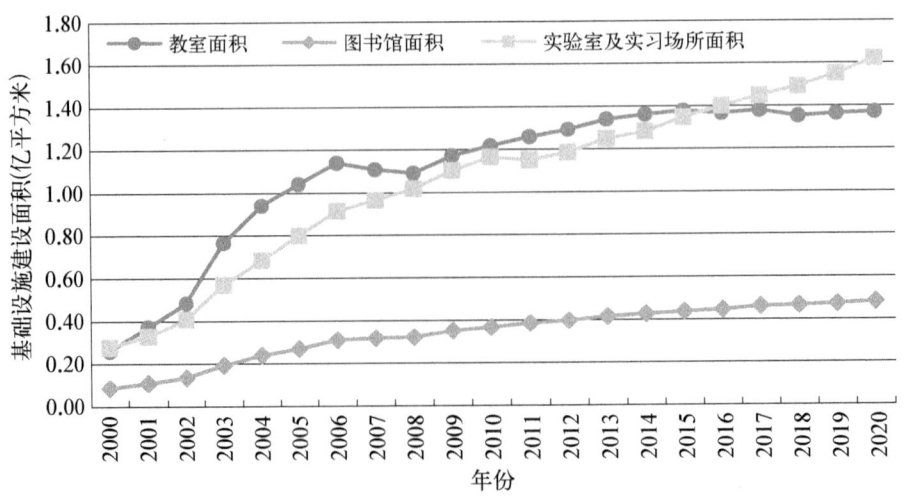

图 1-16　2000—2020 年我国高等学校教室、图书馆、实验室及实习场所占地面积

数据来源：国家统计局

二、高等教育的产出

(一) 高等教育的人才培养

一般而言,高等教育合格毕业的学生数量是衡量高等教育情况的最直接指标。尽管高等教育培养学生的层次可以分为专科生、本科生、硕士生、博士生,不同层次的学生所具备的人力资本存在差异,但在考核高校总体培养情况时,毕业生数量反映出高校对于学生培养的总体水平。

图 1-17 所示为 2000—2020 年我国普通高等学校毕业生的数量情况,普通高等学校毕业生人数由 94.98 万人增长至 797.2 万人,增长了 7.4 倍。从发展趋势上看,2008 年之前,普通高等学校毕业生的数量增速较快,近 12 年增速有所减缓,但总体上,毕业生数量呈上升趋势。

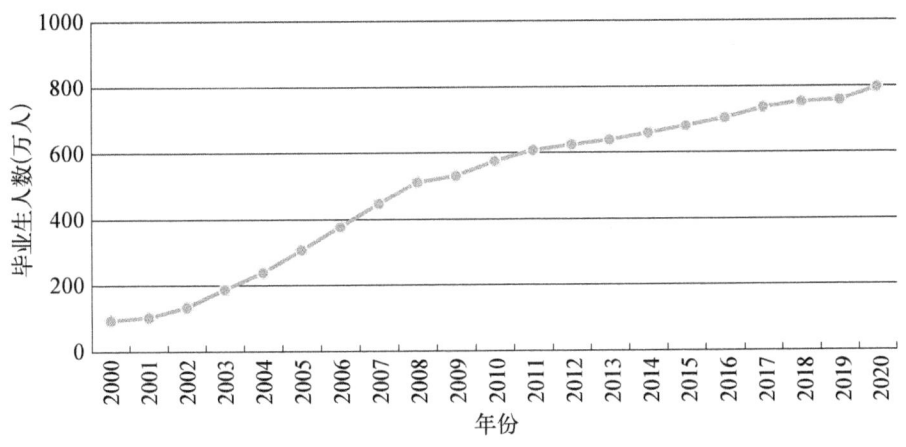

图 1-17　2000—2020 年我国普通高等学校毕业生数量情况

数据来源:国家统计局

(二) 高等教育的科研产出

高等教育的科研产出一般从论文发表、专著出版、科研奖项、专利授权等几个方面去衡量。在实际的研究中,由于科研奖项的评定标准不一,用于横向比较效果不佳,专著数量较难反映出科研水平,因此这两者采用的频率较低;而论文和专利作为衡量指标有国内和国际通用的标准,便于进行横向比较,同时也能较好地反映高校的科研能力,是采用的主要指标。

1. 科技论文总体数量稳定增长,国际影响力逐步增加

图 1-18 所示为 2005—2020 年我国高等学校发表的论文数量情况。高等学校发表科技论文的数量从 72.81 万篇增长至 150.35 万篇,增长了约 1.1 倍;发表在国外学术刊物的学术论文数量由 6.99 万篇增长至 59.51 万篇,增长了 7.5 倍。从论文数量增长情况来看,科技论文数量总体上呈现出稳定增长趋势,而在国外期刊上发表的科技论文数量增长较快,其总体的比例由 2005 年的 9.6% 增长至 2020 年的 39.6%,这表明我国科技论文在国外的影响力正在逐步增强,论文水平也在不断提高。

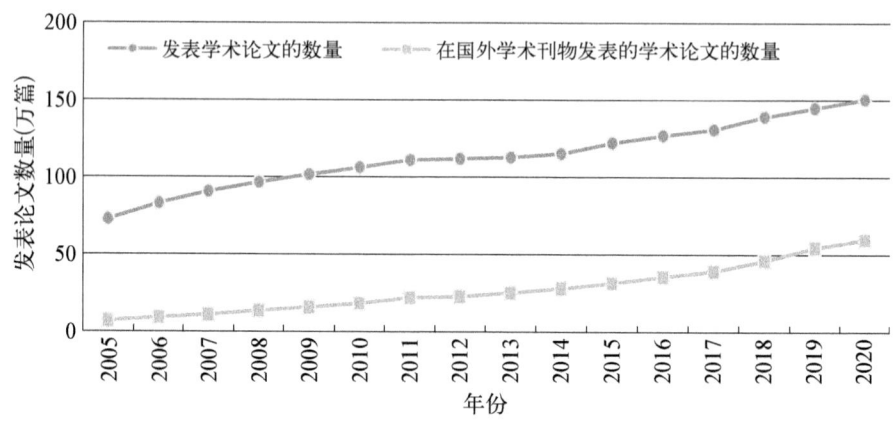

图 1-18 2005—2020 年我国高等学校发表的论文数量情况

数据来源:国家统计局

2. 创新水平不断提升

图 1-19 所示为 2005—2020 年我国高等学校发明专利申请授权数量的情况。我国高等学校发明专利申请授权数量由 4 715 件增长至 116 633 件,增长了 23.7 倍,增长幅度巨大。高等学校发明专利申请授权数量增速呈现出不断上升的趋势,在 2012—2013 年增速有所减缓,而在 2014—2017 年增长迅速,但从总体来看,中国高等学校在科研成果上的产出取得了长足的进展,反映出高等教育科研水平取得了良好的成效。

三、高等教育的投入产出分析

通过前文的分析可以发现,高等教育投入和产出之间存在一定的联系,为了深入研究两者之间的关系,本书采用回归分析进行进一步的研究。

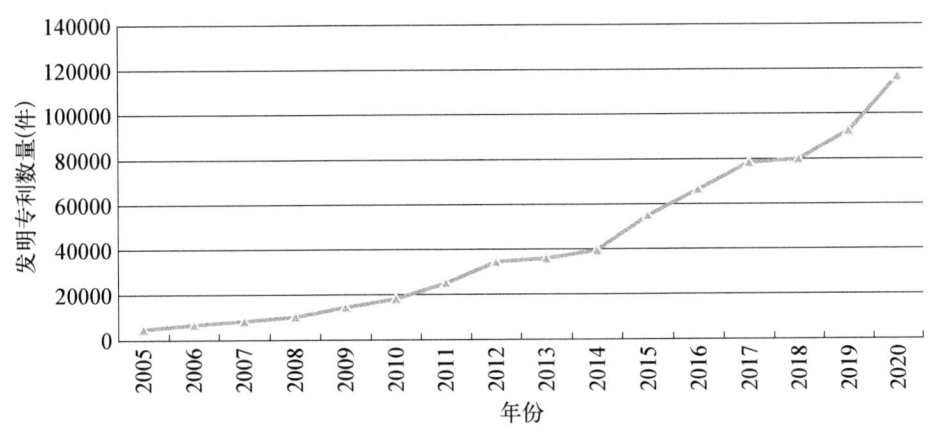

图1-19 2005—2020年我国高等学校发明专利数量情况

数据来源：国家统计局

根据学者的研究，选取专任教师人数、高等教育经费、高等学校研究与实验发展经费支出、固定资产指标作为衡量高等教育人力投入、财力投入和物力投入的代理变量。选取普通高等学校毕业生人数、高等学校发明申请授权数量作为衡量高等教育人才培养和科研成果产出的代理变量。数据年份为2002—2014年，数据来源于《中国统计年鉴》和《中国教育统计年鉴》。表1-11显示了本书采用的高等学校投入与产出指标的变量名称及单位情况。

表1-11 高等学校投入与产出变量

变量类型	变量名称	变量	单位
高等学校投入	普通高等学校专任教师人数	Teacher	万人
	高等教育经费	Fund	亿元
	高等学校研究与试验发展经费支出	Fund_research	亿元
	固定资产	Asset	亿元
高等学校产出	普通高等学校毕业生人数	Graduate	万人
	高等学校发明专利申请授权数量	Patent_invent	件

表1-12显示了本书分析采用的2005—2020年我国高等学校相关的投入产出代理变量的具体数据。

表 1-12 高等学校投入产出数据

Year	Teacher	Fund	Fund_research	Asset	Graduate	Patent_invent
2005	97	2 422.101	242.3	901.368 4	306.795 6	4 715
2006	108	2 696.051	276.81	959.735 5	377.470 8	6 650
2007	117	3 618.262	314.7	958.678 8	447.790 7	8 251
2008	124	4 238.947	390.2	646.17	511.949 8	10 216
2009	130	4 653.311	468.2	895.482 2	531.102 3	14 408
2010	134	5 338.368	597.3	759.944 6	575.424 5	18 055
2011	139	6 653.34	688.84	749.266 2	608.156 5	25 064
2012	144	7 591.681	780.56	961.929 2	624.733 8	34 441
2013	150	7 742.655	856.7	842.090 9	638.721	35 873
2014	154	8 026.579	898.1	860.722 6	659.367 1	39 468
2015	157	8 842.669	998.59	833.855 8	680.886 6	55 021
2016	160	9 396.845	1 072.24	899.041 2	704.18	66 419
2017	163	10 464.4	1 265.96	794.72	735.828 7	78 254
2018	167	11 656.47	1 457.88	976.476 9	753.308 7	79 773
2019	174	13 010.82	1 796.62	1 168.311	758.529 8	92 394
2020	183	13 476.76	1 882.48	1 420.658	797.199 1	116 633

表 1-13 显示了高等学校相关的投入产出主要变量的描述性统计分析。

表 1-13 主要变量的描述性统计分析

变量	样本量	最大值	最小值	均值	中位数	标准差
Teacher	16	183	97	143.81	147	24.257 56
Fund	16	13 476.76	2 422.101	7 489.33	7 667.17	3 520.954

续 表

变量	样本量	最大值	最小值	均值	中位数	标准差
Fund_research	16	1 882.48	242.3	874.22	818.63	516.741 1
Asset	16	1 420.658	646.17	914.28	897.26	179.564 9
Graduate	16	797.199 1	306.795 6	606.97	631.73	141.434
Patent_invent	16	116 633	4 715	42 852.19	35 157	34 753.05

考虑到本书选择的产出存在一定的滞后效应，对学生当期投入的效果一般反映在下一期，因此对普通高等学校毕业生人数采取滞后1期的处理，发明专利申请授权数量按照通常做法采取滞后3期处理，所有变量均做了对数变换。回归结果见表1-14。

表1-14 回归结果汇总

	(1) Graduate	(2) Patent_invent	(3) Patent_invent	(4) Paper
Teacher	1.604***	3.354**	2.681**	0.383
	(5.91)	(2.46)	(3.14)	(1.28)
Fund	−0.121	0.463		
	(−1.36)	(1.02)		
Asset	−0.023***	0.268**	0.203	0.030
	(−0.39)	(0.90)	(0.92)	(0.42)
Fund_research			0.606**	0.167*
			(2.44)	(2.00)
Constant	−0.274	−11.478***	−7.790***	10.14***
	(−0.39)	(−3.25)	(−2.42)	(0.697)
样本量	14	12	12	14
R-squared	0.992	0.985	0.990	0.946

注：*** $p<0.01$，** $p<0.05$，* $p<0.1$，括号中的数值表示 t 值

(1)报告了以普通高等学校毕业生人数为高等教育产出的代理变量的回归结果。从结果可以看到,普通高等学校专任教师人数的回归系数显著为正,普通高等学校专任教师人数每增加1%,普通高等学校毕业生人数可以增加1.60%。固定资产对普通高等学校毕业生人数没有正向影响。

(2)、(3)报告了以高等学校发明专利申请授权数量为高等教育产出的代理变量的回归结果。从(2)结果可以看到,普通高等学校专任教师人数和固定资产的回归系数显著为正,而教育经费显著为负。这说明普通高等学校专任教师和固定资产增加能够促进高等学校发明专利申请授权数量的增加,教育经费增加会减少高等学校发明专利申请授权数量,后者似乎与平常认知不同。(3)中用高等学校研究与试验发展经费支出替代了教育经费,得出普通高等学校专任教师回归系数也显著为正,与(2)仍然相同。高等学校研究与试验发展经费的增加对专利产出有显著的促进作用。一般情况下,受到高等学校研究与试验发展经费影响最直接的应该是论文的发表,因此在此补充了用高等学校发表科技论文数量作为产出变量的回归分析,Paper 表示高等学校发表科技论文数量。考虑到论文发表周期一般需要1年以上,对其做滞后1期处理。(4)报告了回归结果。结果显示高等学校研究与试验发展经费回归系数为正,这说明高等学校研究与试验发展经费对高等学校发表科技论文发表有正向影响。

从回归结果来看,普通高等学校专任教师人数对所有的产出变量影响均为正,说明专任教师人数对学校的人才培养、科研产出均起到重要作用,是高等学校的核心资源。固定资产与高等学校研究与试验发展经费影响的产出不同。固定资产主要对高等学校发明专利授权数量产生正向影响,说明发明专利情况依赖于学校的科研仪器设备等固定资产的投入;高等学校研究与试验发展经费主要对高等学校发表科技论文数量产生正向影响,说明科技论文数量依赖于学校研究与试验经费的投入。

回归分析表明,人力投入是高等学校的核心投入变量,影响着学校各个方面的活动。财力投入和物力投入对高等学校产出的影响依产出变量的不同而有所差异。

第三节　我国高等教育区域分布格局

一、高等教育投入产出指数

本节采用极值-熵值法,对我国 31 个省区市的高等教育投入、产出的区域分布格局进行分析,并对高等教育投入、产出进行空间计量分析。具体指标采用我国 31 个省区市高等教育的投入产出指数进行计算,以普通高等学校专任教师人数、高等教育经费支出、高等学校研究与试验发展经费支出以及普通高等学校固定资产为基础数据计算高等教育投入指数,以普通高等学校毕业生人数、普通高等学校发明专利申请授权数量以及论文发表数量为基础数据,计算高等教育产出指数(见表 1-15)。

表 1-15　投入产出综合指标设置

一级指标	二级指标	单位
高等学校投入	普通高等学校专任教师人数	人
	普通高等教育经费支出	千元
	普通高等学校研究与试验发展经费支出	千元
	普通高等学校固定资产	万元
高等学校产出	普通高等学校毕业生人数	人
	普通高等学校发明专利申请授权数量	项
	普通高等学校论文发表数量	篇

首先对原始数据进行对数化处理来体现地区真实的投入、产出情况,然后进行熵值法加权。第 j 项指标的熵权计算公式如下:

$$V_{ij} = \frac{x_{ij} - x_{\min}(j)}{x_{\max}(j) - x_{\min}(j)} \tag{1-1}$$

式中,i 表示年份,j 表示二级指标,$x_{\max}(j)$ 和 $x_{\min}(j)$ 分别为第 j 项二级指标

的最大值和最小值。

$$f_{ij} = \frac{V_{ij}}{\sum_{i=1}^{m} V_{ij}}; \ k = \frac{1}{\ln m} \text{ 且 } 0 \leqslant h_j \leqslant 1 \qquad (1-2)$$

$$h_j = -k \sum_{i=1}^{m} f_{ij} \ln f_{ij} \qquad (1-3)$$

$$w_j = \frac{1-h_j}{\sum_{j=1}^{n} 1-h_j} \ (0 \leqslant w_j \leqslant 1, \ \sum_{j=1}^{n} w_j = 1) \qquad (1-4)$$

最后,根据各项二级指标的熵权计算出高等教育投入指数和产出指数。

基于上述指标体系与测算方法,测算了2005—2020年我国31个省区市高等教育投入指数、产出指数以及投入产出比。其中表1-16展示了2005—2020年高等教育投入指数、产出指数以及投入产出比的均值。本节将我国31个省区市分为东、中、西、东北四大区域,对高等教育投入产出进行初步分析。总体而言,投入指数、产出指数较高的几个地区如北京、江苏、广东均位于东部地区,但东部地区不同省份间存在较大的差异,相较之下,中部地区、东北地区高等教育投入产出的省际差距较小,但投入指数和产出指数总体低于东部地区。西部地区的高等教育投入指数、产出指数远低于其他地区。

表1-16 2005—2020年我国31个省区市高等教育投入指数、产出指数及投入产出比均值

区 域	省区市	投入指数	产出指数	投入产出比均值
东部地区	北京	0.915 6	0.848 3	0.926 5
	天津	0.221 7	0.219 7	0.991 0
	河北	0.267 8	0.160 3	0.598 6
	上海	0.471 8	0.577 5	1.224 0
	江苏	0.734 0	0.826 4	1.125 9
	浙江	0.416 2	0.421 0	1.011 5
	福建	0.210 4	0.133 7	0.635 5
	山东	0.489 8	0.356 3	0.727 4

续　表

区　域	省区市	投入指数	产出指数	投入产出比均值
东部地区	广东	0.570 2	0.425 6	0.746 4
	广西	0.144 3	0.117 6	0.815 0
	海南	0.029 1	0.012 0	0.412 4
中部地区	山西	0.144 9	0.090 2	0.622 5
	安徽	0.249 9	0.205 6	0.822 7
	江西	0.217 2	0.116 2	0.535 0
	河南	0.347 2	0.209 7	0.604 0
	湖北	0.473 1	0.463 2	0.979 1
	湖南	0.320 4	0.259 1	0.808 7
	重庆	0.204 2	0.177 9	0.871 2
	陕西	0.393 9	0.401 2	1.018 5
	四川	0.437 8	0.339 9	0.776 4
西部地区	内蒙古	0.099 8	0.050 4	0.505 0
	贵州	0.093 2	0.055 8	0.598 7
	云南	0.142 3	0.102 4	0.719 6
	西藏	0.004 4	0.000 1	0.022 7
	甘肃	0.103 8	0.085 3	0.821 8
	青海	0.005 9	0.007 1	1.203 4
	宁夏	0.020 2	0.016 0	0.792 1
	新疆	0.072 1	0.049 9	0.692 1
东北地区	辽宁	0.374 0	0.353 4	0.944 9
	吉林	0.204 5	0.183 4	0.896 8
	黑龙江	0.310 6	0.269 9	0.869 0

图1-20为31个省区市2005—2020年投入产出比的均值。四个地区的投入产出比水平初步没有体现出非常明显的区域差异,但不同省区市存在较大差异。上海、青海、江苏、陕西、浙江处于较高的水平,投入产出比均大于1。其中,上海、江苏、浙江位于东部长三角区域,经济发展水平较高,基础配套设施完善,高等教育投入损失较少,规模经济也降低了教育的成本,高等教育投入产出转换效率较高。值得注意的是,青海虽然位于西部地区,但投入产出比的均值也处于较高水平,且投入产出比整体呈现出先下降后上升的趋势,2020年相较于2016年增长了78.6%。2013年,国家颁布《中西部高等教育振兴计划(2012—2020)》,提高了中西部高校的经费投入,中西部高校服务国家战略、区域经济社会发展和地方产业的能力显著提升。相较于中西部地区其他省份,青海省高校招生数量和高校数量相对较低,青海的高等教育投入增长缓慢,导致了投入产出比的提高。一些中部和西部的省区,特别是江西、内蒙古、西藏等,高等教育投入产出比不足0.6,生源不足、资源质量较低等问题导致产出水平不高,高等教育资源利用效率较低。总体而言,有80%的省份高等教育投入产出比大于0.6,52%的省份高等教育投入产出比大于0.8。

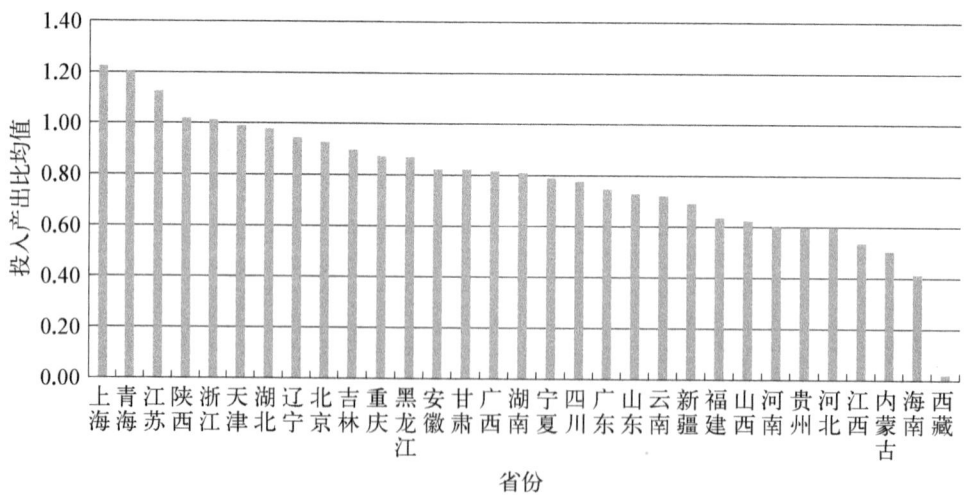

图1-20　2005—2020年间我国31个省区市高等教育投入产出比均值

二、空间分布格局

(一)时空格局演变

本书运用ArcGIS软件,使用自然断点法将省域高等教育投入、产出水平划分为 5 个等级,通过绘制 2005、2010、2015、2020 年省域高等教育投入、产出水平分布图分析这 4 个年份,我国高等教育投入、产出水平的分布情况。

1. **高等教育投入分布格局:东部＞中部＞东北＞西部**

通过比较可以发现,我国高等教育投入分布格局主要存在以下特点:东部沿海地区的高等教育投入格局没有发生较大变化,主要有北京、江苏、广东 3 个中心向外辐射,形成京津冀、长三角、粤港澳 3 个教育集群;中部地区高等教育投入高水平地区呈现出扩大趋势,四川、陕西、湖北始终保持在中高水平,河南的投入水平也有所提高并趋于稳定,中部地区其他省域的高等教育投入呈现出波动状态;西部地区省份的高等教育投入始终处于较低水平,甚至出现下降趋势;东北三省的高等教育投入整体呈现出下降的趋势,从高水平向中水平转变。总体而言,我国高等教育投入呈现出东中部高,西部低的格局,且投入中心均位于东部地区。

2. **高等教育产出分布格局:东部＞中部＞东北＞西部**

通过比较 2005、2010、2015、2020 年我国高等教育产出的分布,可以发现投入与产出的空间分布格局具有一致性,东、中、东北地区的高等教育产出较高,西部较低,同时存在几个明显的产出中心,但是相较于投入分布,高等教育产出的分布异质性更强,河北、河南、安徽、江西、福建等东部中部交界省域的产出较低。

3. **高等教育投入产出比的空间格局变化较大**

对比 2005、2010、2015、2020 年我国高等教育投入产出比的分布可以发现,我国高等教育投入产出比空间格局变化较大,西部地区的投入产出比总体呈现上升趋势,中部地区以及东北地区的投入产出比上下浮动,没有明显的发展趋势,而东部地区却略微有下降趋势。总体而言,中国高等教育投入产出比的空间效应较弱且发展趋势不明显。

(二) 热点图分析

为了揭示高等教育投入、产出局部空间相关性特征,运用自然断裂法将其划分为冷点区、次冷点区、过渡区、次热点区和热点区,得到高等教育投入、产出空间冷热点分布情况。

1. **高等教育投入东中部与西部的差异逐步扩大**

我国高等教育投入的热点地区为江苏、上海、安徽,后逐步扩大到湖北、浙江,次热点地区从北京、天津、河北、山西、山东、河南扩大到湖南、江西、福建,冷点地区主要包括新疆、西藏、青海、甘肃、云南等西部地区。冷点地区没有随时间发生显著变化,而次冷点区和过渡区存在着局部调整,中、东部地区的热点区、次热点区呈现出扩大态势,东中部与西部的差异也逐步扩大。

2.高等教育产出热点区、次热点区

通过分析发现,我国高等教育产出的冷点区、次冷点区大体保持一致,但热点区、次热点区存在差异。比较2005、2020、2015、2020年我国高等教育产出热点区,可以发现热点区域面积呈现出先减少后增加的趋势,从浙江以北的沿海地区转变为长三角四省市以及湖北,且2015年后基本保持稳定,次热点区有所增加。总体而言,产出热点区、次热点区主要集中于东中部地区。

三、空间集聚效应

通过上述分析可以发现,我国高等教育投入、产出存在空间相关性,由此,利用全局莫兰指数(Global Moran's I)和局部空间自相关(Local Indicators of Spatial Association,LISA)分别对高等教育投入、产出进行全局空间自相关和局部空间自相关分析。

全局空间自相关是一种从整体上衡量区域单元之间的空间相关和空间差异程度的分析方法,全局莫兰指数衡量了全局空间自相关,表达式如下:

$$\text{Moran's I} = \frac{\sum_{i=1}^{n}\sum_{j=1}^{n}w_{ij}(x_i-\bar{x})(x_j-\bar{x})}{S^2\sum_{i=1}^{n}\sum_{j=1}^{n}w_{ij}} \tag{1-5}$$

式中,S为标准差,w_{ij}为空间权重矩阵,n为样本总数,x_i和x_j为样本数值,$\bar{x}$为平均值。Moran's I的取值范围是$[-1,1]$,$I<0$表明区域间存在负相关,$I>0$表明区域间存在正相关。Z为I标准化后的统计量,其所表示的含义与全局莫兰指数一致。

$$Z = \frac{I-E(I)}{\sqrt{var(I)}} \tag{1-6}$$

全局空间自相关衡量的是整体上存在的相关性,而局部空间自相关是立足于局部,分析区域内部之间的相关性,通常用局部莫兰指数(Local Moran's I)来分析LISA,表达式如下:

$$I = \frac{(x_i-\bar{x})\sum_{j=1}^{n}(x_j-\bar{x})}{\frac{1}{n}\sum_{i=1}^{n}(x_i-\bar{x})} \tag{1-7}$$

基于目前我国教育集群的发展以及教育投入可能存在的溢出效应,在ArcGIS软件中使用欧氏距离的无差别的区域(zone of indifference)计算了2005—2020年31个省区市高等教育投入产出的全局莫兰指数(见表1-17)。

表1-17　2005—2020年我国高等教育投入产出的全局莫兰指数

年　份	投入全局莫兰指数	产出全局莫兰指数	年　份	投入全局莫兰指数	产出全局莫兰指数
2005	0.205***	0.162***	2013	0.201***	0.176***
2006	0.215***	0.174***	2014	0.206***	0.182***
2007	0.187***	0.176***	2015	0.203***	0.180***
2008	0.194***	0.166***	2016	0.177***	0.172***
2009	0.193***	0.172***	2017	0.179***	0.176***
2010	0.183***	0.172***	2018	0.171**	0.159**
2011	0.188***	0.163***	2019	0.165**	0.167**
2012	0.203***	0.175***	2020	0.159**	0.166**

注:*、**、***分别表示10%、5%、1%的水平上显著

将表1-17转换为图1-21,可以发现2005—2020年我国高等教育投入与产出的全局莫兰指数均大于0,存在空间正效应。2005—2015年的高等教育投

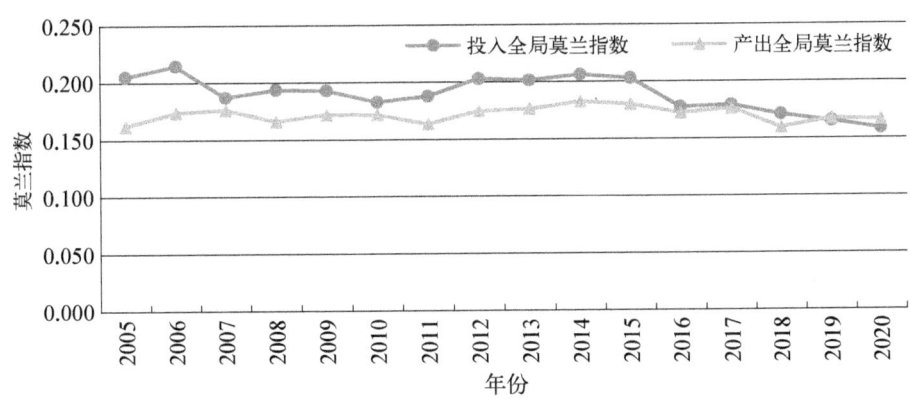

图1-21　2005—2020年我国31个省区市高等教育投入与产出全局莫兰指数

入全局莫兰指数在 0.2 上下波动,2015 年以后呈现出下降趋势,2020 年下降到 0.16,表明我国高等教育投入的空间集聚程度有所下降,我国高等教育资源分配开始扩散,而并非集中在几个中心区域。高等教育产出的全局莫兰指数主要在 0.16—0.18 的范围内上下波动,说明我国高等教育产出的空间集聚程度没有发生较大的变化。

如图 1-22 和表 1-17 所示:高等教育投入与产出在 2017 年及以前所对应的 p 值均小于 0.01,说明在 1% 的显著性水平下通过检验,拒绝空间随机分布的原假设;而在 2017 年后全局莫兰指数的 p 值有所上升,但在 5% 的显著性水平下仍能够发现我国高等教育投入具有空间集聚特征。由此说明,我国高等教育资源开始从中心扩散,总体上仍呈现出资源空间集聚的特征。

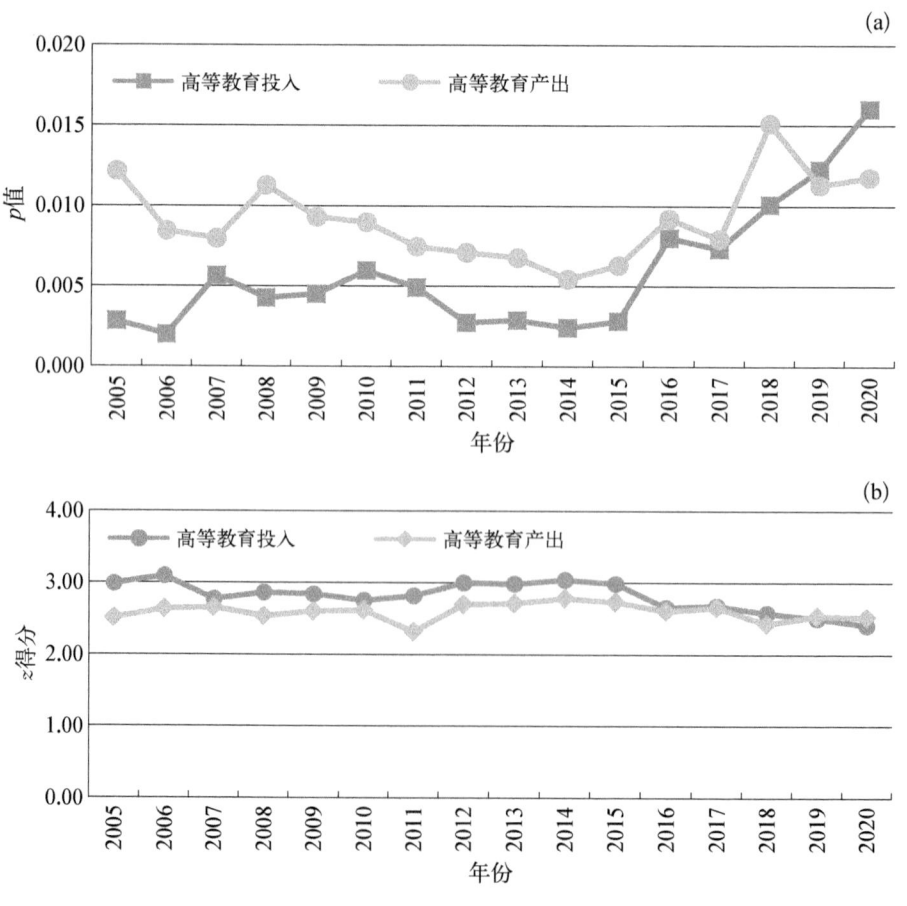

图 1-22　2005—2020 年我国 31 个省区市高等教育产出 p 值、z 得分

为了更好地分析2005—2020年我国高等教育投入的空间相关性,对2005、2010、2015、2020年的高等教育投入进行局部空间自相关分析。通过比较4年的LISA图可知,省域高等教育投入水平存在3个较为明显的高—高聚集地区,即浙江、江苏、上海等东部沿海地区,包括河南、湖北在内的中部地区以及北京,但是2020年北京不再显著。西部地区的新疆、西藏存在明显的低—低聚集地区。不存在高—低聚集地区,但存在较大面积的低—高聚集地区,如安徽、山西、河北、天津、江西等地,低—高聚集地区随时间呈现出减小的趋势。总体而言,我国高等教育投入的聚集状况没有发生本质变化,但中东部地区的高等教育资源配置状况有所改善,中东部地区高等教育资源的扩散效应增强,地区教育资源的异质性有所下降,区域发展趋于平衡。

通过比较高等教育产出LISA图,进行局部空间自相关分析,可以发现省域高等教育产出水平低—低聚集地区主要为新疆、西藏,2005年以来没有发生较大变化。高等教育产出也不存在高—低聚集地区,但存在较大面积的高—高聚集和低—高聚集地区。北京、山东、江苏、上海、浙江、湖北始终为高—高聚集地区,安徽、河南等中部地区省份在高—高聚集和低—高聚集间变动,北京以及周围省份的集聚情况较固定。故东部和中部地区高等教育产出仍存在着较大差异,且由于地区经济、区域联系等原因,这种分布格局不易发生变化。

四、空间差异分析

为反映我国不同省区市高等教育投入产出的空间差异,选取变异系数和基尼系数作为衡量空间差异程度的指标。

变异系数是指总体中单位样本值变异程度的相对数,计算公式为:

$$CV = \frac{\sigma}{\overline{X}} \quad (1-8)$$

式中,CV表示变异系数,σ为标准差,$\overline{X}$为样本均值。变异系数越大,表示区域经济之间的波动程度越大。

基尼系数是在洛伦兹曲线的基础上得出的用于衡量区域差异的指标,计算公式为:

$$Gini = 1 + \frac{1}{n} - \frac{2}{n^2 \overline{X}}(X_1 + 2X_2 + 3X_3 + \cdots + nX_1) \quad (1-9)$$

式中，$Gini$ 表示基尼系数，n 为样本个数，X_i 为样本值。

图 1-23 为高等教育投入的变异系数和基尼系数，从中可以看出高等教育投入的变异系数和基尼系数呈现大致相同的趋势，全国总体未呈现出明显的上升或下降趋势，东部和中部地区的变化幅度较小，但是西部地区的变异系数和基尼系数均呈现出下降趋势，这表明西部地区教育投入差异有一定的缩小，但东部和中部变化较小。比较东中西 3 个经济带可以发现，西部的高等教育投入差异＞全国＞东部＞西部，中部地区的差异最小。

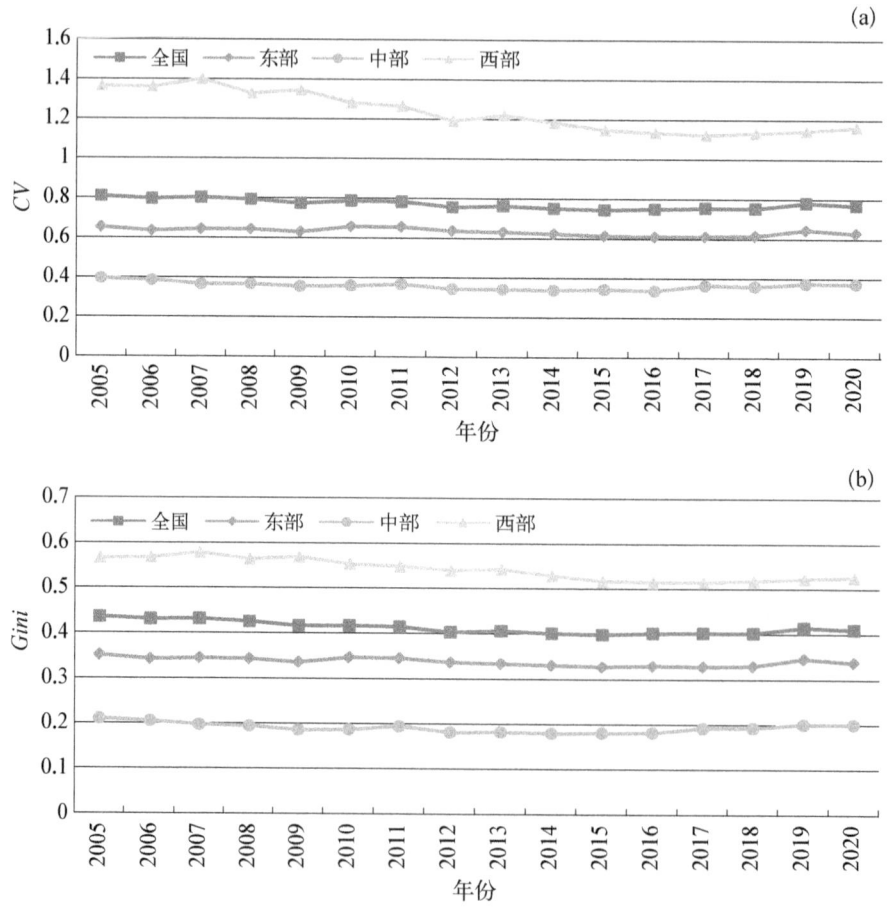

图 1-23　2005—2020 年我国高等教育投入变异系数、基尼系数

比较 2005—2020 年我国高等教育产出的变异系数和基尼系数（见图 1-24），可以发现无论是全国层面还是区域层面，高等教育产出的变异系数和基尼系数

都呈下降趋势，相较于 2005 年，2020 年全国、东部、中部、西部的变异系数分别下降了 19.3%、13.1%、33.4%、15.9%，基尼系数分别下降了 15.6%、12.2%、30.0%、12.2%，所以中部地区的差异系数下降幅度大于东部和西部地区。所以，总体而言，中国高等教育产出的区域间差异不断减少，趋于均衡发展。

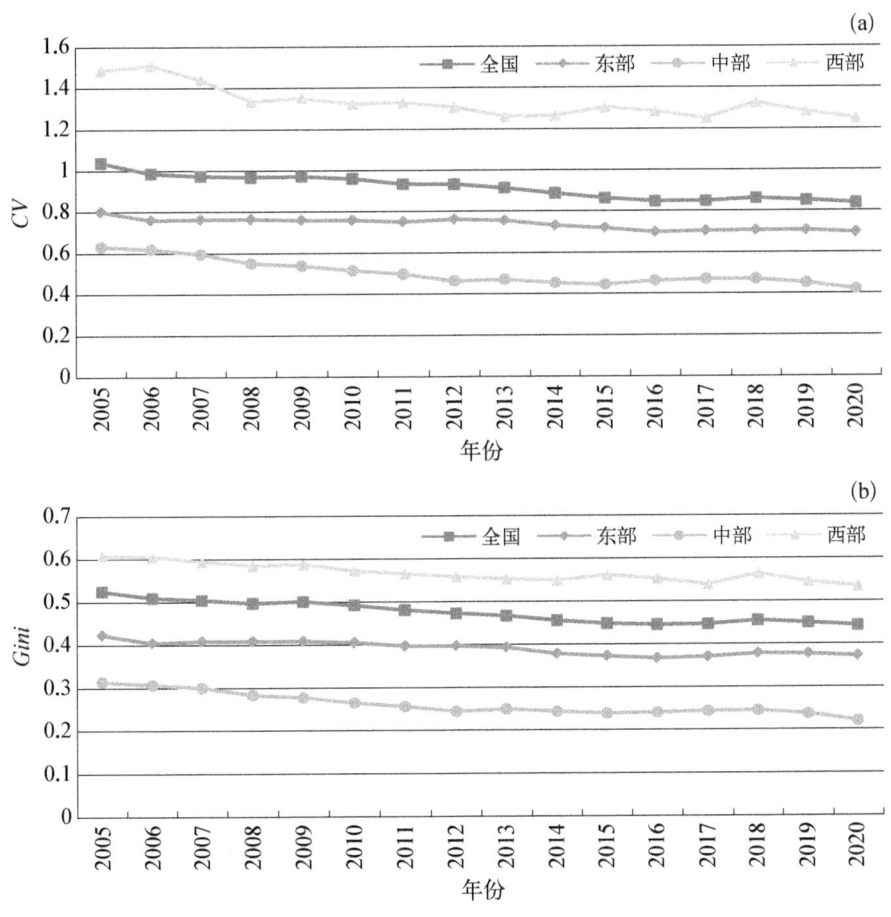

图 1-24　2005—2020 年我国高等教育产出变异系数、基尼系数

五、空间溢出效应

基于上述分析可见，我国高等教育的投入与产出存在一定的空间效应，为了处理地理单位之间的空间互动效应，本书利用空间计量方法对我国高等教育投入产出进行分析。目前，除了地理联系外，地区间的经济联系也不断加强，所以

本书构建经济地理嵌套矩阵进行计量回归分析,且 LR 检验以及 WALD 检验均在 1% 的显著性水平下通过,原模型无法退化为空间自回归模型以及空间误差模型,故最终选择空间杜宾模型。

变量的选取如表 1-18 所示,数据年份为 2005—2020 年,数据来源于《中国统计年鉴》和《中国教育统计年鉴》。由于成果转化的滞后效应,高等教育经费以及研究与试验发展经费支出按照通常做法采取滞后 3 期处理,所有变量均做了对数变换。

表 1-18 变量设置

变量	符号	衡量指标
被解释变量	output	高等教育产出指数
解释变量	teacher	普通高等学校专任教师人数
	fund_out	普通高等教育经费支出
	asset	普通高等学校固定资产

通过空间杜宾模型回归,得到我国高等教育投入产出回归结果(见表 1-19),多数变量结果显著,方程整体高度显著。自相关系数在 1% 的置信水平下为 0.581,说明具有显著的个体效应。

表 1-19 回归结果

变量名称	杜宾回归系数	直接效应	间接效应	总效应
teacher	0.186***	0.207***	0.708***	0.916***
	(6.385)	(6.774)	(2.811)	(3.508)
asset	−0.062***	−0.066***	−0.114	−0.180**
	(−3.583)	(−3.899)	(−1.306)	(−2.019)
fund_out	0.044***	0.040***	−0.165**	−0.124
	(3.007)	(2.913)	(−2.159)	(−1.597)

续　表

变量名称	杜宾回归系数	直接效应	间接效应	总效应
rho	0.581***			
	(6.903)			
sigma2_e	0.001***			
	(15.506)			
N	496			

在不考虑空间效应的情况下,根据杜宾回归系数可知,普通高等学校专任教师人数、普通高等学校固定资产以及普通高等学校教育经费支出均在1%的显著性水平上对高等教育产出产生影响,回归系数分别为0.186,-0.062、0.044,表明专任教师人数和教育经费每增加1%,高等教育产出就会分别增加0.186%、0.044%,而固定资产每增加1%,高等教育产出会下降0.062%。

在此基础上对效应进行分解,将其分为直接效应和间接效应。专任教师人数的直接效应在1%的置信水平上显著,系数为0.207,专任教师人数变化1%,会导致本区域的高等教育产出以及邻近区域的高等教育产出发生显著变化,最终导致本区域高等教育产出增加0.207%,杜宾模型回归系数加上地区间高等教育投入产出的传导机制就等于直接效应,专任教师人数的杜宾回归系数为0.186,直接效应为0.207,可见专任教师人数变化对邻近地区的教育产出产生影响,进而通过传导机制对本区域高等教育产出产生的影响为0.021。另一方面,专任教师人数的间接效应回归系数为0.708,在1%的显著性水平下显著,邻近地区专任教师人数增加1%,会导致本地区的高等教育产出上升0.708%。结合直接效应以及间接效应,总效应的回归系数为0.916。

固定资产对地区高等教育产出的直接效应、间接效应以及总效应的系数分别为-0.066、-0.114、-0.180,其中直接效应在1%的置信水平下显著,间接效应不显著。教育经费支出的直接效应在1%的显著性水平下为正,而间接效应在5%的显著性水平下为负,系数分别为0.04、-0.165。

通过回归结果可以得出以下结论:高等教育的人力投入对于高等教育产出具有显著的正向影响,教师在毕业指导、论文发表、专利研发过程中都发挥了非常重要的作用。除了人力投入，财力投入也促进了高等教育产出的增加。而固定资产的增加对于高等教育产出产生的影响就比较有限，高等教育的培养规模相对较小，固定资产的平均成本高，投入的效率较低。同时，固定资产的增加必然会减少其他要素的投入，进而对高等教育产出产生负面影响。

从空间层面来看，专任教师人数、固定资产的直接效应和间接效应是同向的，空间上的溢出扩大了教育投入对产出的影响，而教育经费的直接效应和间接效应是负向的，邻近地区教育经费的增加不利于本地区高等教育产出的增加，在这种情况下，本地资源会倾向于流向经费更为充足的地区，所以导致本地区的产出效率下降。所以总体而言，高等教育人力、物力、财力投入产出效率有所不同，在不同的发展阶段也会产生不同的影响，同时，地区之间的互动也会影响产出效率。

（执笔：第一节陈秋玲、刘伟，第二节刘伟、黄天河，第三节余宁、刘伟、陈秋玲）

第二章
我国高等教育数字化特征事实

本章主要从发展阶段、指标体系与发展特点3个角度，分析高等教育数字化特征事实。中国高等教育数字化发展历程分为转化与建设发展、转型与应用发展、智慧与创新发展3个阶段，高等教育正在进行全要素、全流程和各环节的重组、重塑与重构。本章从数字化环境、数字化办学、数字化管理和数字化保障4个维度构建高校数字化发展指标体系。高等教育数字化转型呈现在线课程规模化、管理评价精准化与教学育人精细化等特点。

第一节　我国高等教育数字化发展阶段

由我国牵头编制的世界首份高等教育数字化战略报告《无限的可能——世界高等教育数字化发展报告》（下文简称"发展报告"）指出，高等教育数字化是通过彻底和全面的数字化转型，形成数据驱动、人技结合、跨界开放的教育生态，构建更加敏捷、适切、公平、可持续的高等教育体系，为学习者提供全面和丰富的学习体验。教育数字化包括转化、转型、智慧3个发展阶段。联合国教科文组织把数字技术应用于教育过程分为4个阶段：起步、应用、融合、转型。我国确立教育信息化战略以来，教育数字化已深入教育系统各领域。

从我国制定的高等教育数字化政策看，关注的重点是基础设施建设、"互联网＋教育"、智能教育、国家教育智慧平台建设，不断通过数字化赋能高等教育高质量发展（见表2-1）。

表 2-1 我国高等教育数字化政策

政策导向	时间	相关文件或政策
育人方式	2015 年	《关于加强高等学校在线开放课程建设应用与管理的意见》
	2018 年	《教育信息化 2.0 行动计划》
	2021 年	《关于推进教育新型基础设施建设构建高质量教育支撑体系的指导意见》
	2021 年	《高等学校数字校园建设规范(试行)》
	2021 年	《"十四五"国家信息化规划》
	2022 年	"国家高等教育智慧教育平台"上线
办学模式	2017 年	《新一代人工智能发展规划》
	2018 年	一流课程建设"双万计划"
	2021 年	《中华人民共和国国民经济和社会发展第十四个五年规划和 2035 年远景目标纲要》
管理体制	2018 年	《网络学习空间建设与应用指南》
	2021 年	《5G 应用"扬帆"行动计划(2021—2023 年)》
	2021 年	《关于提高高等学校网络管理和服务质量的通知》
	2021 年	《中华人民共和国数据安全法》
保障机制	2022 年	《关于加强普通高等学校在线开放课程教学管理的若干意见》

本书借鉴已有研究报告和政策文本分析,将我国高等教育数字化划分为转化与建设发展(1987—2010 年)、转型与应用发展(2011—2017 年)和智慧与创新发展(2018 年以来)3 个阶段(杨宗凯,2023)(见图 2-1)。

一、转化与建设发展阶段(1987—2010 年)

2002 年,教育部印发《教育信息化"十五"发展规划(纲要)》,提出"到 2010 年,基本建成覆盖全国的教育信息化基础设施"。数字化转化与建设发展阶段包含数字化基础设施与平台的"0—1"建设,以及硬件与软件的逐步磨合,尝试将数字技术整合应用到教育领域,为后续阶段的发展奠定基础。该阶段的主要特征

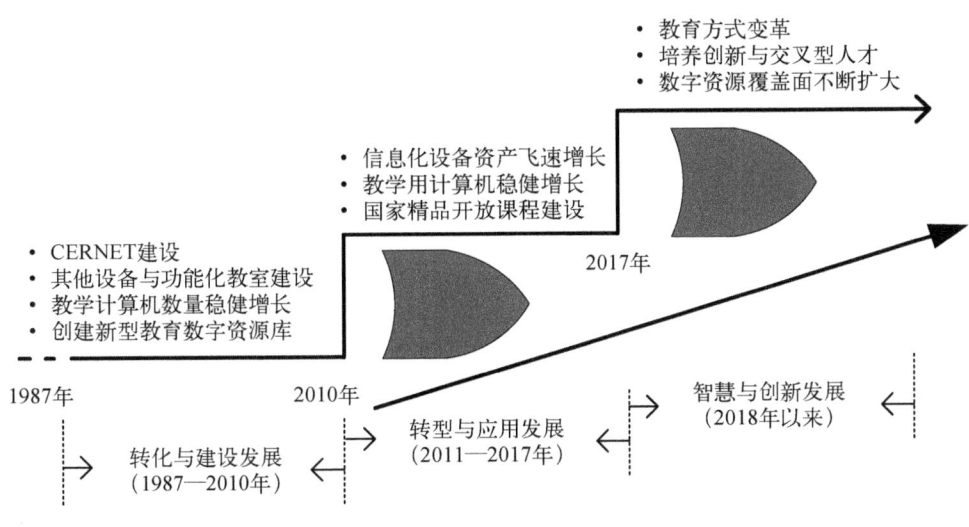

图 2-1 1987 年以来我国高等教育数字化发展历程

是课程教学在物理和网络双重空间开始融合,如功能教室,利用现代远程教育方式,突破了时间、空间限制,重新优化组合教学目标、内容、活动等核心要素。

(一) 中国教育和科研计算机网建设

高校基础网络设施、教学计算机、信息化资产是校园数字化建设的数字底座,夯实了校园网络基础服务、增值服务和计算存储能力,基本满足高校数字化需求。20 世纪 80 年代,我国互联网正处于网络萌芽时期,我国高校也开始建设互联网数据中心(IDC)和基地 IT 等信息化硬件设施。1989 年,由清华大学、北京大学、中科院等共同参与的"中关村地区教育与科研示范网络"(NCFC)搭建计划正式启动,国家教委颁发了《国家教育管理信息系统总体规划纲要》,拉开了校园网建设的序幕。

1994 年,中国教育和科研计算机网(CERNET)建立。1999 年,CERNET 开始建设自己的高速主干网。高校利用当时的通信基础设施资源并连接 CERNET,建设各自的校园网,不仅可以为广大师生提供便利的校园网络服务,也能支持中国教育科研网格、现代远程教育、网上远程录取等多项国家大型教育信息化工程,为高校数字化发展奠定基础。

CERNET 分 4 级管理,分别是全国网络中心、地区网络中心和地区主结点、省教育科研网以及校园网。全国网络中心设在清华大学,负责全国主干网运行管理;CERNET 省级结点设在 36 个城市的 38 所大学(见表 2-2)。

表 2-2　CERNET 网络中心与主结点分布

CERNET 八大地区网络中心		地区主结点	
地区网络中心	主干结点	主结点	主　干　结　点
华北地区	清华大学	北京	清华大学、北京大学、北京邮电大学
		天津	天津大学
		石家庄	河北师范大学
		太原	太原理工大学
		呼和浩特	内蒙古大学
西北地区	西安交通大学	西安	西安交通大学
		兰州	兰州大学
		银川	宁夏大学
		西宁	青海师范大学
		乌鲁木齐	新疆大学
西南地区	电子科技大学	成都	电子科技大学
		重庆	重庆大学
		昆明	云南大学
		贵阳	贵州大学
		拉萨	西藏大学
华南地区	华南理工大学	广州	华南理工大学
		深圳	深圳大学
		南宁	广西大学
		桂林	广西师范大学
		海口	海南师范大学

续　表

CERNET 八大地区网络中心		地区主结点	
地区网络中心	主干结点	主结点	主　干　结　点
华中地区	华中科技大学	武汉	华中科技大学
		长沙	中南大学
		郑州	郑州大学
华东南地区	上海交通大学	上海	上海交通大学
		杭州	浙江大学
		南昌	南昌大学
		福州	福州大学
		厦门	厦门大学
华东北地区	东南大学	南京	东南大学
		合肥	中国科学技术大学
		济南	山东大学
		青岛	中国海洋大学
东北地区	东北大学	沈阳	东北大学
		大连	大连理工大学
		长春	吉林大学
		哈尔滨	哈尔滨工业大学

　　截至 2001 年,中高速 155M 地区网已连接到 35 个重点城市,已有 100 多所高校的校园网以 100～1 000 Mbps 速率接入,网络已连接到校内的主要办公楼、教学楼、实验楼、图书馆。从时间上看,高校校园网建设主要集中于 CERNET 建立后的 3 年;从区域分布上看,校园网建设高校主要分布于 CERNET 主结点城市。在校园网建设的高校数量和建设时间上,东部地区＞中部地区＞西部地区＞东北地区(见表 2-3)。

表 2-3　部分高校校园网建设时间

建设时间	东部地区	中部地区	西部地区	东北地区
1987 年	清华大学			
1989 年	北京大学			
1993 年	东南大学	中国科学技术大学		
1994 年	华南理工大学 北京化工大学 北京邮电大学 南京航空航天大学 华东理工大学	华中科技大学 太原理工大学	西安交通大学 电子科技大学 西安电子科技大学 西南交通大学	
1995 年	复旦大学 上海交通大学 华东师范大学 天津大学 北京师范大学 厦门大学 中国海洋大学 中山大学 中国地质大学（北京） 河海大学 南京农业大学 南京师范大学 南京林业大学 南京信息工程大学 暨南大学 福州大学	南昌大学 中南大学 国防科技大学	重庆大学 长安大学 广西大学 贵州大学	吉林大学 大连理工大学 东北农业大学 东北林业大学 辽宁大学
1996 年	南京大学 上海大学 山东大学 上海财经大学 中国人民大学 中国农业大学 中国矿业大学（北京） 中国石油大学（北京） 东华大学 宁波大学	湖南大学 合肥工业大学 南昌大学 中国地质大学 湖南师范大学	兰州大学 陕西师范大学 四川农业大学	

续　表

建设时间	东部地区	中部地区	西部地区	东北地区
1997 年	同济大学 哈尔滨工业大学（威海） 北京林业大学 北京外国语大学 中国传媒大学 对外经济贸易大学 上海海洋大学 广州中医药大学			延边大学
1998 年			西藏大学 石河子大学	哈尔滨 工程大学
1999 年	华北电力大学（北京）			

（二）其他设备与功能化教室建设

我国高校陆续利用校园网建设了远程教学、数字图书馆、办公自动化、教学教务管理、后勤管理、网络课程和教学资源开发等应用项目。教学方式上，以幻灯片、投影仪、摄像机、影碟机等多媒体为核心的设备开始在高校中普及和应用，功能化教室如语音室、多功能演示室、多媒体网络教室逐渐在高校内普遍建设。截至 2002 年，我国高校有 181.83 万个多媒体教室座位、1 976.71 万个语音实验室座位。同时，国家开始开展现代远程教育工程，支持高校自主开展校园网络铺设、校内系统业务集成等工作。

（三）教学计算机数量稳健增长

教学计算机作为教室内使用的网络终端，与高校建好的校园网连接进行课堂教学，可以替代部分教学任务，提升教学质量与效率。2004 年，教育部颁发《普通高等学校基本办学条件指标（试行）》，教学计算机成为普通高等学校的监测办学条件指标之一。2004—2010 年，全国高校拥有教学计算机的台数呈现稳健增长态势，但增长率总体上表现出下降趋势，尤其是 2003—2004 年增长率降速较快（见图 2-2），这侧面反映出高校信息化程度逐渐加深，高校基本办学条件得到逐步改善。

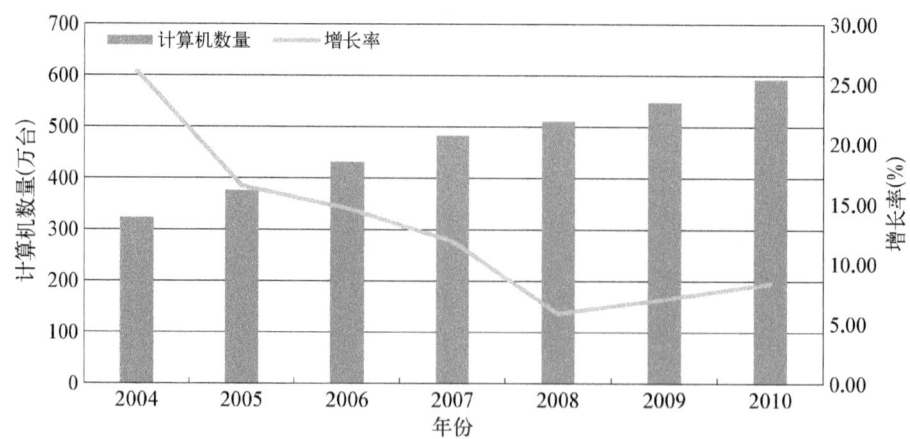

图 2-2　2004—2010 年我国高校拥有教学用计算机情况

数据来源：《中国教育统计年鉴》

（四）汇集优质教育数字资源，推进网络课程建设

为深入推进"新世纪高等教育教学改革工程"，充分发挥信息技术对教育教学变革的推动作用，2000 年，教育部启动实施了"新世纪网络课程建设工程"，这是我国网络课程规模化建设与发展的起始性标志。2003 年，教育部又发布了《关于启动高等学校教学质量与教学改革工程精品课程建设工作的通知》，在原网络课程建设的基础上开启了国家精品课程建设工程。图 2-3 表明 2002—2010 年全国高校网上课程数量总体上稳健增长，但增长速度总体上较为缓慢，体现了高等教育教学逐渐实现数字化、信息化。

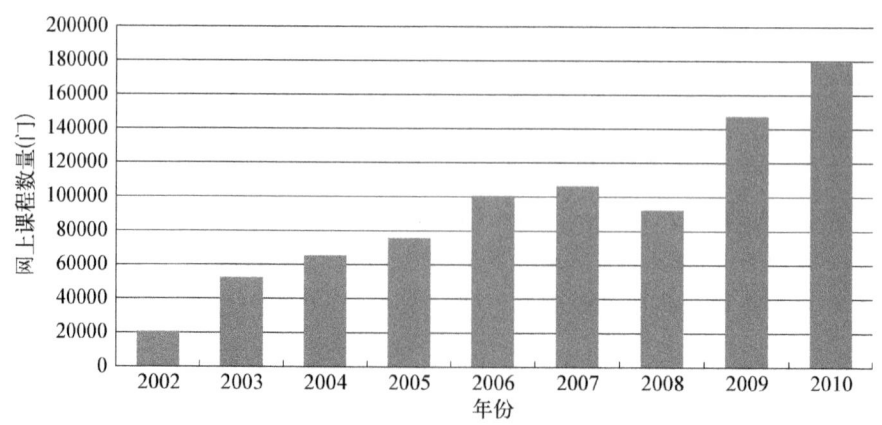

图 2-3　2002—2010 年我国高校网上课程数量情况

数据来源：《中国教育统计年鉴》

二、转型与应用发展阶段(2011—2017年)

2012年,教育部发布《教育信息化十年发展规划(2011—2020年)》,强调"推动信息技术与高等教育的深度融合,创新人才培养模式",以信息化应用驱动人才培养模式,开启我国高等教育数字化转型与应用阶段。

高等教育数字化转型与应用阶段是从信息基础设施的建设陆续转向教育数字化应用,利用人事管理、财务管理、教务管理、科研管理等各类信息管理系统,构建教学与人才培养过程的各类场景,促进知识资源数字化、平面资源立体化,深度分析和价值挖掘数据,治理教育出现的问题,改造高校组织形式、教学形式、服务形式、治理形式等。

(一) 信息化设备资产飞速增长

随着计算机和互联网的进一步普及和发展,高校管理信息系统成为高校管理工作不可缺少的方面(王虎,1994)。我国高校信息化设备资产值不断增加,值得一提的是,软件资产值也在增加(见图2-4)。2013年我国高校信息化设备的资产值为919.68亿元,2017年增长到1 425.16亿元;2013年我国高校软件资产值为130.51亿元,2017年增长到281.35亿元。2013—2017年,软件资产值占高校固定资产值的比重逐渐增加,高校信息化建设不断深入。

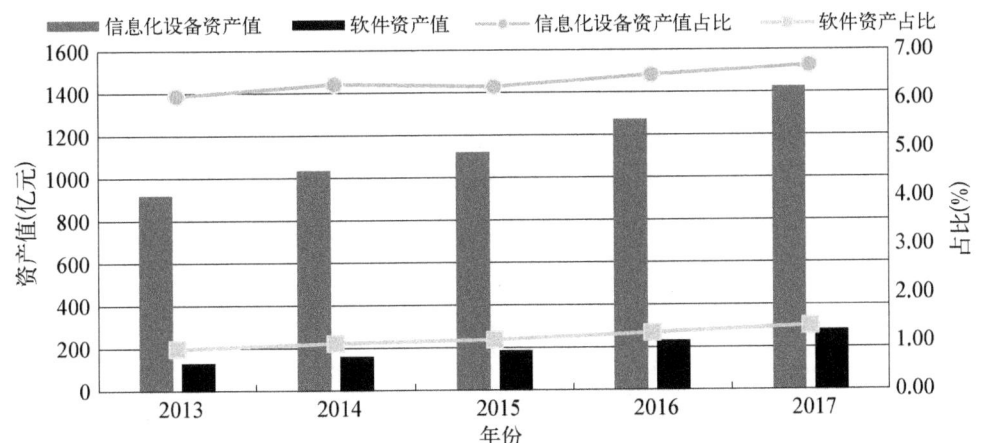

图 2-4 2013—2017年高校信息化设备与软件资产值变化情况

数据来源:《中国教育统计年鉴》

(二) 教学用计算机数量增长缓慢

2011—2017年,全国高校拥有教学用计算机的台数稳健增长,但增长率总体上表现出下降态势(见图2-5),反映出高校信息化应用工作稳步推进。

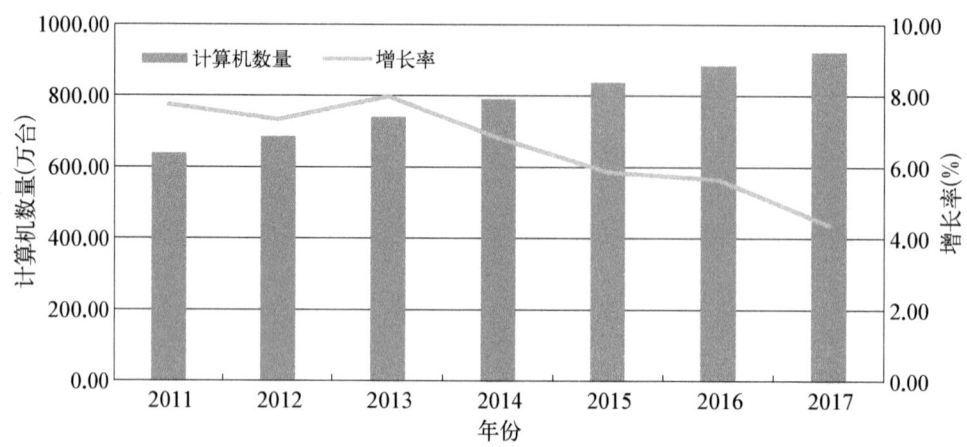

图2-5 2002—2020年我国高校拥有教学用计算机情况

数据来源:《中国教育统计年鉴》

(三) 国家精品开放课程建设

国家精品在线开放课程由政府主导,高等学校自主建设,利用数字网络技术改革授课模式并同步上网,将传统课程通过网络平台整合成网络精品课程,实现由网络有限开放到充分开放的转变。2011年10月,教育部发布《关于国家精品开放课程建设的实施意见》,提出开展国家精品开放课程建设,包括精品视频公开课程建设和精品资源共享课程建设。2014年3月,教育部办公厅发布《2014年教育信息化工作要点》,提出"深入研究MOOC对高等教育的深刻影响,支持'985工程'高校开设开放在线课程"。2015年,教育部发布《关于加强高等学校在线开放课程建设应用与管理的意见》,提出"立足国情建设在线开放课程和公共服务平台","推动信息技术与教育教学深度融合"。

2017年,教育部认定了489门国家精品在线开放课程(其中本科教育课程467门,专科高职教育课程22门)[1],2018年认定了801门国家精品在线开放课

---

[1] 《教育部办公厅关于公布2017年国家精品在线开放课程认定结果的通知》,http://www.moe.gov.cn/srcsite/A08/s5664/moe_1623/s3843/201801/t20180112_324478.html。

程(其中本科690门,专科高职111门)①。2017、2018年有20个慕课平台参与国家精品在线开放课程项目中,其中爱课程(中国大学MOOC)平台有916门国家精品在线开放课程,占1290门精品课程的71.01%,比其他所有平台课程数量总和的2倍还多(见表2-4)。

表2-4 2017、2018年各慕课平台国家精品在线开放课程数量统计

慕课平台名称	2017年			2018年			2017—2018年课程合计(门)	占1290门精品课程的比例(%)
	课程数量(门)	本科课程(门)	专科高职课程(门)	课程数量(门)	本科课程(门)	专科高职课程(门)		
爱课程(中国大学MOOC)	322	315	7	594	503	91	916	71.01
智慧树	40	36	4	99	89	10	139	10.77
学堂在线	67	67	0	57	54	3	124	9.61
人卫慕课	21	13	8	2	2	0	23	1.78
好大学在线	4	3	1	8	8	0	12	0.93
华文慕课	9	9	0	3	3	0	12	0.93
北京高校优质课程研究会	0	0	0	11	11	0	11	0.85
优课联盟	3	3	0	8	8	0	11	0.85
edx	9	9	0	0	0	0	9	0.70
超星尔雅	7	7	0	0	0	0	7	0.54
安徽省网络课程学习中心(e会学)	0	0	0	6	2	4	6	0.47
网易云课堂	0	0	0	4	4	0	4	0.31
浙江省高等学校精品在线开放课程共享平台	4	2	2	0	0	0	4	0.31

---

① 《教育部关于公布2018年国家精品在线开放课程认定结果的通知》,http://www.moe.gov.cn/srcsite/A08/s5664/moe_1623/s3843/201901/t20190121_367540.html。

续表

慕课平台名称	2017年			2018年			2017—2018年课程合计(门)	占1 290门精品课程的比例(%)
	课程数量(门)	本科课程(门)	专科高职课程(门)	课程数量(门)	本科课程(门)	专科高职课程(门)		
学银在线	0	0	0	3	2	1	3	0.23
重庆高校在线开放课程平台	0	0	0	3	2	1	3	0.23
Coursera	2	2	0	0	0	0	2	0.16
高校邦慧慕课	0	0	0	1	0	1	1	0.08
优学院	0	0	0	1	1	0	1	0.08
中国高校外语慕课平台	0	0	0	1	1	0	1	0.08
Future Learn	1	1	0	0	0	0	1	0.08
合　计	489	467	22	801	690	111	1 290	100.00

我国慕课平台的数量较多，但各高校在各平台开设国家精品在线开放课程的情况较不均衡。其中，在爱课程(中国大学 MOOC)平台开设国家精品在线开放课程的高校最多，2017、2018年合计有200所；在智慧树平台开设国家精品在线开放课程的高校数量位于其次，2017、2018年合计有74所；在学堂在线和人卫慕课开设的高校分别为19所和18所；其他16个平台开设的高校不多(见表2-5)。

表2-5　2017、2018年各慕课平台开设国家精品在线开放课程高校数量统计

慕课平台名称	2017年高校数量(所)	2018年高校数量(所)	去掉重复学校累计(所)
爱课程(中国大学 MOOC)	78	188	200
智慧树	31	55	74
学堂在线	6	16	19

续表

慕课平台名称	2017年高校数量(所)	2018年高校数量(所)	去掉重复学校累计(所)
人卫慕课	18	2	18
好大学在线	2	1	2
华文慕课	1	1	1
北京高校优质课程研究会	0	6	6
优课联盟	3	6	7
edx	2	0	2
超星尔雅	7	0	7
安徽省网络课程学习中心（e会学）	0	6	6
网易云课堂_	0	4	4
浙江省高等学校精品在线开放课程共享平台	4	0	4
学银在线	0	3	3
重庆高校在线开放课程平台	0	3	3
Coursera	2	0	2
高校邦慧慕课	0	1	1
优学院	0	1	1
中国高校外语慕课平台	0	1	1
Future Learn	1	0	1

三、智慧与创新发展阶段（2018年以来）

2018年4月，教育部发布《教育信息化2.0行动计划》，提出"坚持信息技术与教育教学深度融合的核心理念，坚持应用驱动和机制创新的基本方针"，确立了融合创新的基本原则。教育信息化2.0行动计划是顺应智能环境下教育发展的必然选择，也标志着我国高等教育数字化走向智慧与创新发展阶段的新征程。

高等教育数字化智慧与创新发展阶段是基于大数据、云计算、人工智能、移动互联等新兴技术在高等教育领域的深度应用，推动教育理念更新、模式变革、体系重构，为高校教育数字化变革提供创新的管理和服务。该阶段的主要内容是应用以人工智能为代表的新兴数字技术，构建智慧学习空间，利用优质的数据资源和可信的算法，打破学院间、高校间、高校与企业、学校与社会、入学与毕业的界限，优化教育资源配置，满足学习者个体的学习需求，提高教育决策的有效性和效率，推进教学模式、教育治理理念变革，赋能学习者全面发展，形成教育新生态。

（一）教育方式变革

教育方式是高等教育顺利实现数字化转型的核心要素，要积极运用各类数字化技术来改造现有教育方式，打造面向新时代高等教育所需的新形态、多模式、高质量的数字化教育方式。数字技术拓宽了学习的广度，加深了学习的深度，"时时能学""处处可学"改变了学生的学习方式，也推动了教师角色的转变。知识传授、作业批改等简单的重复性劳动会被技术所取代。2021年，我国普通高校数字终端数为9 965 254台，其中教师数字终端数为3 110 937台，学生数字终端数为5 859 706台（见表2-6）。这表明教师在教学过程中以先进设备的集成、多种终端的组合，实时和学生实现点对点或点对多点的交流，以智能化手段，对学生提供针对性指导，实现真正的因材施教。

表2-6 2021年我国高等教育数字终端数量

单位：台

办学层次	数字终端数	教师终端数	学生终端数
普通高校	9 965 254	3 110 937	5 859 706
本科层次职业高校	147 638	19 742	126 475
专科层次职业高校	3 995 851	749 427	3 060 052

数据来源：《中国教育统计年鉴》

高等教育数字化转型改变了传统高等教育的支持体系，形成了更加智能化、科学化、个性化的教育场景。在高等教育教学环境方面，建设智能化教具、智慧教材、智慧教室、虚拟实验室、智能化教学环境实验室、VR实验室等专业实验室,进而生成师生教与学的信息数据库,打破教育资源在区域、学校、教室以及人与人之间的"孤岛",加快形成物理空间和网络空间结合的"双空间"。2022年,教育部公布了两批虚拟教研室建设试点名单,共657个,利用现代信息技术突破了时空的限制、打破了校园围墙,促进了教育资源均衡和教学改革。

高等教育通过虚拟现实等技术的应用,实现多通道感知和多模态交互,达到虚拟世界与真实世界的无缝对接,尤其是职业教育虚拟仿真实训。职业教育虚拟仿真实训利用现代信息技术开发的虚拟工厂、虚拟车间、虚拟工艺、虚拟实验等虚拟实训模拟,可以有效还原生产、建设、服务和管理岗位的"原生态",为学习者提供技能训练所需要的"真实"环境、"真实"工艺、"真实"工具等,从而有效提高技能教学质量。其中,2021年本科层次职业高校的职业教育仿真实训资源量为7 258套,专科层次职业高校的职业教育仿真实训资源量为1 516 498套(见表2-7)。

表2-7 2021年我国职业教育仿真实训资源量

单位:套

办学层次	职业教育仿真实训资源量	仿真实验软件	仿真实训软件	仿真实习软件
本科层次职业高校	7 258	1 646	4 961	651
专科层次职业高校	1 516 498	1 059 712	97 947	358 839

数据来源:《中国教育统计年鉴》

(二)培养创新与交叉型人才

党的二十大报告提出,"科技是第一生产力、人才是第一资源、创新是第一动力"。数字经济时代,数字化转型正在推动各行各业形成新常态,推动中国制造转向中国创造,创新成为经济社会发展的第一动力。但过去"同质化""流水线"的人才培养理念和模式难以适应数字经济对人才的需求,网络化、智能化、个性化、终身化的人才培养新模式有助于推动培养以能力培养和价值观的形成为核心的一大批创新型人才。

高等教育机构需强化对人才数字素养的培养,不仅持续推动高校专业"迭代升级",以数字技术为纽带链接跨学科、跨专业、跨校区的人才培养方式,还新增人工智能、机器人、大数据、智慧农业等新工科、新医科、新农科、新文科专业,培养战略性新兴产业领域所需的紧缺人才。2022 年 2 月,教育部公布了 2021 年度普通高等学校本科专业备案和审批结果,列入 2021 年度普通高等学校本科专业目录的新专业 31 个,"智慧"与"智能"是其中的高频词,如智慧能源工程、智能建造与智慧交通、智慧水利、智能地球探测、空天智能电推进技术、智能运输工程、智慧海洋技术、智慧林业等多个新增专业。

(三) 数字资源覆盖面不断扩大

在数字化转型时期下,社会对大学生综合素质和能力的要求不断提升,高等教育机构的课程改革迫在眉睫。课程数字化是高等教育数字化的基本层面,利用数字技术与教学手段相结合,构建面向数字中国、智慧社会的创新课程体系,形成一批互动率高、创新性强、理论与实际结合度高的开放式课程教学模式,这也是高校教学数字化的基础。

教育部全面推进在线开放课程建设,从精品开放课程、国家精品在线开放课程、国家级一流本科课程陆续推进(见表 2-8),深化信息技术与教育教学深度融合,深入推进以学生为中心的课程改革、教学方式与学习方式变革。2022 年 3 月 28 日上线的"国家高等教育智慧教育平台",是全球课程规模最大、门类最全的在线开放课程平台,其将极大地提升我国的课程数字化水平及影响力。

表 2-8 2018—2020 年在线开放课程建设

单位:门

时 间	国家精品在线开放课程(门)	本科教育课程(门)	专科高等职业教育课程(门)	国家级一流本科课程(门)
2018 年	489	468	22	—
2019 年	801	—	—	—
2020 年	99	—	—	5 118

数据来源:《中国教育统计年鉴》

第二节 我国高等教育数字化指标体系

随着新一代数字技术革新,驱动着高等教育系统性变革与数字化转型升级。

"以评促建、评建结合",通过加强高校教育数字化评价工作持续推进高校教育数字化建设,是促进线上线下教育常态化融合发展、实现高等教育数字化转型、培养高质量人才的重要保障。构建全面、科学、可测量的高校教育数字化发展指数评价指标体系,对于测评高校教育数字化建设与发展水平、比较发展差异、预测未来发展潜力、制定未来发展规划等具有重要意义。

一、研究现状

20世纪90年代初,美国、英国等发达国家逐步建立起系统的教育信息化评估规范,并逐渐在实践中将其完善,如美国教育技术CEO论坛所研发的STaR评价指标(汪琼等,2004)、以英国教育通信和技术署(BECTA)为首的团队开发的学校信息化自我评估指标(The Self-Review Framework,SRF)(陈吉利,2008)等。国内的教育信息化评价分析方法主要依靠1997年国家信息化工作会议提出的信息化六要素模型、张进宝(2008)等提出的CIPO模型、顾小清等(2007)提出的平衡计分卡模型与中国高等教育学会教育信息化分会牵头研究提出的中国高校信息化指标体系等,评估分析我国高等教育信息化。

已有的研究对于高校教育信息化评价的方法,以构建评价指标体系为主,研究者主要采用模糊综合评价法(刘军跃等,2004)、层次分析法(韩靖等,2007;陈海涛,2007)、灰色区间关联理论(孙德梅等,2007)、数据包络分析(熊秋娥,2011)、结构方程模型(周平红,2012)等方法(见表2-9)。

表2-9 文献研究中的关键指标

年份	主要研究者	研究方法	重要指标内容
2022年	王浩	层次分析法	保障措施、信息网络、平台体系、数字资源、智慧创新应用、可信安全
2019年	李志河	层次分析法	基础设施、教研创新、运行机制建设、智能管理服务、师生信息素养和网络安全保障机制
2018年	王树乔	DEA-SBM模型测度	人员投入、经费投入和物质投入、信息化服务与人才投入
2017年	陈敏	核心评估模型	教学信息化、科研信息化、管理信息化和公共服务信息化

续 表

年份	主要研究者	研究方法	重要指标内容
2016年	边志锋	结构方程模型	信息化基础设施建设水平、教育管理服务信息化建设水平、教育教学信息化建设水平、数字资源建设水平、数据融合水平、信息化建设保障体系
2016年	蒲善荣	主成分分析法	基础建设、应用系统建设、资源建设、管理体制及运行机制的建立与运行、标准规范建设与应用、信息化应用效果
2015年	谢幼如	元建模方法	环境建设与应用、组织管理、资源建设与应用、信息技术应用、队伍建设、创新发展
2014年	吴砥	比较研究	数字教育资源、基础设施建设、教与学应用、保障机制、管理信息化
2012年	周平红	结构方程模型分析法	教育管理信息化、资源建设、信息化保障、基础设施建设、教学科研应用
2012年	吴海燕	比较研究	基础设施建设、事业发展、业务活动与流程、用户效果、信息化队伍、信息化系统与数据

随着教育信息化战略的深入实施和高等教育数字化进程的加快，国际社会组织对教育数字化监测与评价越来越关注，相应成果日益丰硕，包括世界经济论坛《全球竞争力报告》、欧盟委员会《数字经济与社会指数》、经济合作与发展组织《教育概览》等一系列具有重要影响力的国际研究报告，还包括OECD的教与学国际调查（Teaching and Learning International Survey，TALIS）[①]、国际教育成就评价协会（IEA）的国际计算机和信息素养研究（International Computer and Information Literacy Study，ICILS）[②]、欧洲政策研究中心的数字终身学习准备指数（Index of Readiness for Digital Lifelong Learning，IRDLL）（Beblary et al，2019）、经济学人智库公布的全球教育未来指数（Worldwide Educating for the Future Index，WEFFI）等，具备较高国际号召力的研究项目都研制并使用了相应指标。

---

① https://www.acer.org/au/talis.
② https://www.iea.nl/studies/iea/icils/2023.

越来越多的国家重视高等教育数字化发展水平的监测和评估,如:英国教育部颁布《教育技术:探索学校数字化成熟度》①,爱尔兰通过了构建五维一体的学校数字化评估体系②,OECD确定了评估与分析高等教育数字化转型的3个维度③,我国发布了《世界高等教育数字化发展指数》(世界慕课与在线教育联盟秘书处,2023)等。

我国实施教育数字化战略行动,整体推进教育信息化基础应用环境建设,构建覆盖各级各类教育的资源开发应用体系,加强与数字时代相适应的教师队伍建设,建立健全教育管理信息化体系,成立各级各类教育信息化和智慧教育示范区,建成世界第一大教育教学资源库,国家智慧教育平台应用试点工作全覆盖,形成了一批标志性研究成果,为加快建设高质量教育体系提供了重要支撑。

二、构建原则

构建高校数字化指标体系应遵循以下原则:

(一) 系统性原则

高校数字化发展水平各项指标应统一且独立。每一项指标在整体上能构成一个完整体系,也能反映高等教育数字化某一方面的具体特征,系统且全面地反映高校数字化发展水平。

(二) 通用性原则

构建高校数字化指标体系,应注意不同类型高校和地区发展水平的差异,将集成性指标分解细化为基础性、关键性指标,化繁为简、化难为易,既能从宏观上体现通用的特征,又能从微观上表现关键性。

(三) 客观性原则

高校数字化发展水平要求所用数据真实存在、可测量,避免指标的模糊性和不可追溯性;同时要求分析是客观的、可复制的,分析方法和结果经得起重复论证。

---

① https://www.gov.uk/government/publications/exploring-digital-maturity-in-schools-using-edtech-data.
② https://www.gov.ie/en/publication/69fb88-digital-strategy-for-schools/.
③ https://www.oecd-ilibrary.org/education/supporting-the-digital-transformation-of-higher-education-in-hungary_d30ab43f-en.

(四) 可操作性原则

高校数字化指标应具有代表性、规范性和说服力,需设置共通的操作性定义,统一数据指标口径,以保证信效度和清晰度。此外,指标含义应当明确,采用定量推求和定性研判、客观数据与主观分析相结合的操作方式。

(五) 发展性原则

高校数字化指标体系要有延展性和柔韧性,即依据发展水平应用结果的反馈情况,对相关指标进行适当修正、补充和完善,增强指数的合理性和科学性。

三、评价指标体系

(一) 世界高等教育数字化指标体系

《无限的可能:世界高等教育数字化发展报告》从高等教育数字化的概念内涵出发,从数字化育人、数字化办学、数字化管理和数字化保障4个核心要素入手,以全球视野构建世界高等教育数字化发展指标(见表2-10)。

表2-10 世界高等教育数字化发展指标

一级指标	二级指标	具体测量指标	数据说明
数字化育人	接入条件	1. 国家公共数字化学习平台数量	访问次数达百万次以上的慕课平台数量
		2. 建有或使用校级数字化学习平台的学校比例	高校建有或使用数字化教学平台(包括在线课程平台、虚拟仿教学平台等)的比例
		3. 校均数字化学习空间数量	高校拥有数字化教室、数字化实验室等各类数字化教学环境的数量
		4. 人均移动终端数	每百人移动蜂窝订阅数
		5. 数字化带宽	4G移动网络技术的人口覆盖率(%)
	育人资源	6. 慕课数量	高校提供选学人数超过500人的慕课数量
		7. 校均电子数据库拥有量	高校图书馆电子文献资源数据库的数量
		8. 数字化学科工具软件数量	高校拥有数字化学科工具软件的数量
	教师素养	9. 教师数字化素养	高校接受数字化素养培训的教师人次比

续表

一级指标	二级指标	具体测量指标	数据说明
数字化办学	教学模式	10. 生均线上学习时间	大学生平均线上学习时间
		11. 开展规模化应用在线课程、混合式教学及翻转课堂的学校比例	高校应用在线课程、混合式教学及翻转课堂开展教学实践的比例
	学位认证	12. 实现在线授予学位的专业数量	高校通过在线课程学习授予学位的专业总数,包括学士、硕士和博士学位(不同高校同一专业可重复累计)
数字化管理	内部治理	13. 数字化管理制度	出台了数字化管理制度的高校占比(包括校务全流程线上办理、教师全方位职业能力测评等)
		14. 数字化管理平台	建设了数字化管理平台的高校占比(包括网络资源平台、师生管理平台、教务平台/学生全过程管理平台、课程资源平台等)
	外部治理	15. 信息安全法规	国家层面是否有针对网络信息安全保障的法律法规
数字化保障	政策保障	16. 战略规划	是否有高等教育数字化发展规划(包括聚焦新兴技术、5G/6G、物联网、人工智能等的国家战略、政策或倡议)
	财力保障	17. 经费投入	高等教育数字化经费投入平均占比
	人力保障	18. 人员配比	每千名师生拥有的信息技术教学支持人员、信息技术辅助教学人员的比例

(二)高等教育领域智慧教育发展评价指标体系

《中国智慧教育发展报告(2022)》认为智慧教育是数字时代的教育新形态,与工业时代教育形态有着质的差别,是教育数字化转型的重要目标。智慧教育发展指数报告从智慧教育的内涵和全国视角出发,探索建立了由基础环境、教学实施、教育治理和人才4个一级维度,设施设备、数字教育资源等12个二级维度构成的评价指标体系(见表2-11)。

表 2-11 高等教育领域智慧教育发展评价指标体系

一级维度	二级维度	评价指标
基础环境	设施设备	接入互联网的学校比例(%)
		无线网全覆盖的学校比例(%)
		网络多媒体教室占教室总数的比例(%)
		师均教学用数字终端数(台/人)
	数字教育资源	公共数字高等教育资源量(条)
		公共数字化课程资源量(门)
	智慧教育环境	智慧校园建设中新一代信息技术的应用率(%)
教学实施	教师数字素养	教师数字素养合格率(%)
	资源交互应用	数字化课程资源有效使用率(%)
		公共数字教育平台用户活跃度(次/人)
	教学形式变革	混合式教学普及率(%)
		大数据中心支持课堂教学的普及率(%)
		境外平台慕课开发共享率(%)
		人工智能技术辅助教学应用率(%)
	教学评价数字转型	数字化过程评价普及率(%)
		网络在线课堂学分认定的学校比例(%)
教育治理	数据基座	校级数据中心覆盖率(%)
		学校信息系统实现数据统筹管理的覆盖率(%)
	治理水平	一站式校务管理服务普及率(%)
		建立信息化工作和管理制度的学校比例(%)
		数字化科研服务普及率(%)
		公共平台数字化就业服务覆盖率(%)

续　表

一级维度	二级维度	评　价　指　标
教育治理	网络与数据安全	具备网络安全管理制度的学校比例(%)
人才素养	学生数字素养	数字化相关学科毕业生比例(%)
		毕业生数字素养水平测试合格率(%)
		学生终身学习能力水平
	劳动者数字技能	经济活动人口的数字技能水平

(三)高校数字化发展评价指标体系

本书从高校数字化转型的角度出发,借鉴《无限的可能:世界高等教育数字化发展报告》和《中国智慧教育发展报告(2022)》中已经构建的指标体系,从数字化环境、数字化办学、数字化管理和数字化保障的维度出发,构建高校数字化发展评价指标体系(2-12)。

表 2-12　高校数字化发展评价指标体系

一级指标	二级指标	具体测量指标	数　据　说　明
数字化环境	基础设施	1. 高校与数字化学习平台连接	高校是否与慕课平台连接
		2. 建有或使用数字化学习平台	高校是否建有或使用数字化教学平台(包括在线课程平台、虚拟仿教学平台等)
		3. 高校数字化学习空间	高校拥有的数字化教室、数字化实验室或网络多媒体教室等占教室数量的比例
		4. 师生教学用数字终端拥有率	师生教学用数字终端/师生人数
		5. 数字化带宽	无线网的覆盖率(%)
		6. 智慧校园建设	是否应用了新一代信息技术
	数字资源	7. 数字化课程资源	高校上传的慕课数量、线上课程、虚拟仿真实验教学课程、线上线下混合式课程

续 表

一级指标	二级指标	具体测量指标	数 据 说 明
数字化环境	数字资源	8. 校均电子数据库拥有量	高校图书馆电子文献资源数据库的数量
		9. 数字化学科工具软件数量	高校拥有数字化学科工具软件的数量
	师生素养	10. 教师数字化素养	高校教师接受数字化素养培训的人数占比
		11. 学生数字化素养	学生信息意识与情感、信息知识、信息能力、信息伦理道德
数字化办学	教学模式	12. 生均线上学习时间	大学生平均线上学习时间
		13. 开展规模化应用在线课程、混合式教学及翻转课堂的课程比例	高校应用在线课程、混合式教学及翻转课堂开展教学实践的课程比例
		14. 学分认定	是否进行网络在线课程学分认定
	学位认证	15. 实现在线授予学位的专业数量	高校通过在线课程学习授予学位的专业总数,包括学士、硕士和博士学位(不同高校同一专业可重复累计)
数字化管理	内部治理	16. 数字化管理制度	是否出台了数字化管理制度(包括校务全流程线上办理、教师全方位职业能力测评等)
		17. 数字化管理平台	是否建设了数字化管理平台(包括网络资源平台、师生管理平台、教务平台/学生全过程管理平台、课程资源平台等)
数字化保障	政策保障	18. 战略规划	是否有高校数字化发展规划(包括聚焦新兴技术、5G/6G、物联网、人工智能等方向、政策或倡议)
	财力保障	19. 经费投入	高校数字化经费投入占比
	人力保障	20. 人员配比	信息技术教学支持人员或信息技术辅助教学人员的比例
	组织保障	21. 数字化部门	是否建立大数据中心或数据集成管理部门

第三节　我国高等教育数字化发展特点

一、在线课程规模化

人工智能、大数据、元宇宙等新技术将进一步促进课程形态与教学方式的不断变革，也推动课程数字化沿着网络化、智能化、开放式的方向发展。我国高校慕课及在线开放课程发展取得了巨大成效，我国已成为世界上在线开放课程规模最大的国家。慕课开课数量保持快速增长，截至 2022 年，我国上线慕课数量超过 6 万门，注册用户 4 亿人，学习人次达 9.8 亿人次，在校生获得慕课学分认定 3.5 亿人次，慕课数量和学习人数均居世界第一（见图 2-6）。

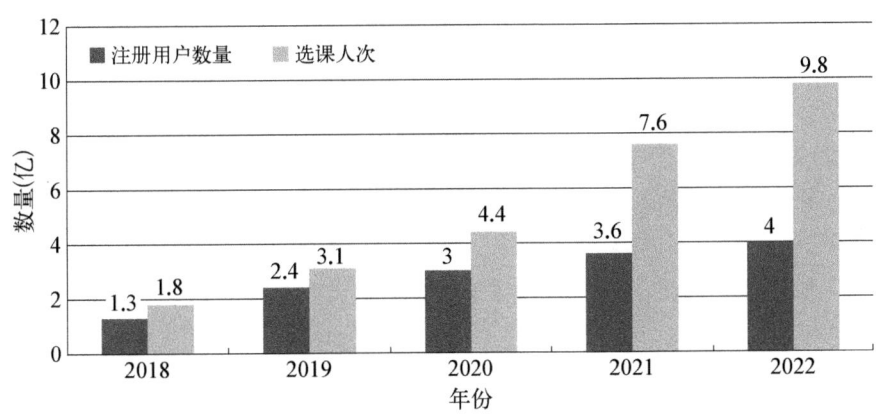

图 2-6　2018—2022 年我国慕课注册用户数量和选课人次

数据来源：教育部

在充分整合前期慕课与在线教育建设成果的基础上，我国建设了国家高等教育智慧教育平台（简称"智慧高教平台"）。截至 2023 年 2 月，智慧高教平台提供了 2.7 万门优质慕课、虚拟仿真实验以及 6.5 万余件教材、视频等各类学习资源。智慧高教平台已成为德智体美劳五育并举、课内外教育横向联通、本研教育纵向贯通、覆盖高等教育人才培养全过程的综合资源服务平台。

除了国家层面建设教育平台或在线课程，部分高校基于大数据、人工智能等技术，搭建高校本身的在线课程共享平台。如华中师范大学在原有"云课堂"的基础上，利用新一代信息技术与教育教学过程深度融合的一体化混合式教学平台"小雅智能助教"，开设课程4.5万余门，涵盖校内各类教育资源220万余个，有效支撑教师教育教学智能化发展（华中师范大学，2022）。厦门大学强化网络课程建设，建成263间支持线上线下同步直播授课的多功能教室，推进113门慕课在中国大学MOOC开课，共计开设870期，总访问量达2718万人次（厦门大学，2022）。

二、管理评价精准化

高校利用大数据技术，其中包括信息系统和数据应用，支撑高校管理服务、保障各项业务正常开展，实现高等教育教学、科研评价的精确化，扭转不科学的教育评价导向，实现管理的精准化。数据应用是基于各类管理系统数据及网络数据形成的基础/公共数据库开展的应用，主要分为教学质量评价、学习评价、科研评价、决策评价、总结考核、一站式服务、平安校园、卫生健康等8类。

案例1：上海交通大学研发新一代数据交换平台，大幅提升数据共享安全性，更好保护师生信息。学校创新数据应用场景，建设院系管理系统，整合全校数百个应用系统数据，包含教书育人、科学研究、社会服务等8大模块40余类数据，实现全景视图功能。2021年，在学校职称评审、聘期考核、年度考核等工作中，为教师和科研人员自动生成1.5万页的客观数据申报表，为学院自动生成5万余条客观考核指标，节省了大量填表时间。学校建设BI数据分析系统，提升管理信息化水平和决策支持能力（上海教育，2022）。

案例2：上海大学绩效平台通过将学校本科研究生教务平台、文理科研统一平台、人事系统平台等各类系统的数据打通，将教师考核标准分为本科教学和指导教分、本科课外指导教分、研究生指导及课程教分、理工科研成果教分、人文社科科研成果教分、科研会议教分等6大类21项指标，通过自动采集或认领模式，实现一键出结果，对教学质量进行评价。2020年1月上海大学在全国率先推出自主开发的健康之路平台，通过构建"一人一档"数据库系统，为实时排摸近5万师生的健康状态、人员分布提供了统一信息系统平台和数据保障。学校通过信息化手段实现人员精准管理和动态数据治理，在"健康之路"平台上开发了多码、多数据融合的"上大蓝码""上大进出码"，为全校师生筑起"一人一档"精准高效

"防疫墙"。①

案例3：北京工商大学将智慧教学一体化平台与校内多个平台深度融合，广泛汇聚各类教学数据，依托大数据技术，建立师生成长电子档案，着力构建多维度的综合性、智能化评价体系。围绕知识、技能、能力、素养4个评价象限11类一级评价指标、313个指标观测点，生成学生评价矩阵图，对学生的学业水平和综合素质进行全面、客观评价；根据大数据分析结果，形成学生学业达成度报告，向学生提供智能诊断、资源推送和学业规划，提前对学业进行预警和干预，为学生个性化成长与发展提供针对性指导和帮助（北京市教育委员会，2023）。

案例4：上海理工大学围绕服务师生需求，利用信息化手段解决师生"急愁难盼"，开发上线健康打卡、小额支付、虚拟校园卡、远程开门、场地预定等200余项与师生密切相关的智能服务与应用，基本覆盖师生校内外各类场景需求，大力提升师生幸福感和获得感。打造"一表通""个人档案""蒲公英"等数据工程，有效支撑学生处、人事处等10余个部门的数据贯通，形成服务"个性化"、管理"平台化"、数据"集中化"的创新性服务体验（上海教育，2022）。

三、教学育人精细化

依托大数据技术，将学生的个体特点、学习目标、学习模式等不同信息与最终教学效果之间建立联系，对学生特征与学习结果的关系进行深度挖掘，帮助教师实现对每个学生在学习过程中的问题进行有效识别与提前预测，依据每个学生的特点制定个性化的学习方案和教育方式。部分高校基于算法模型体系，构建自身所需的算法模型（如北京师范大学的心理健康模型、西安交通大学的精准资助模型、中国海洋大学的学科分析模型），实现学生画像、成绩预测、精准资助、心理健康分析等教育教学过程的数字化。

案例1：华东师范大学研发的水杉在线学习平台具有高度自由的在线学习体验，支持MOOC学习、交互式实训、在线编程自动评测、代码协作与创新项目等全链路的教学过程，收集并记录学习期间的所有学习行为数据轨迹，通过数据的使用为学习者提供个性化、智能化的学习服务（华东师范大学，2022）。基于水杉在线学习平台，以大学计算机公共课程为案例进行教学综合评价，探索构建包

---

① 《教育数字化转型在上海大学：以师生为本，信息化助力一流人才培养！》，https://sghexport.shobserver.com/html/baijiahao/2023/02/28/971682.html。

括学生学习数据和教学过程数据在内的指标体系;针对综评录取、强基计划等特殊类型学生的发展评价,探索构建包括学生学习数据和发展过程数据在内的指标体系,形成面向综合发展评价的数据采集规范和标准。

案例2: 上海师范大学为实现教师教育数字化转型[①],建设了以人工智能(AI)驱动的线下沉浸式教学空间,通过采集师范生多模态数据,支持师范生开展多类型教学;对线下的教师教育体系进行全方位、全过程、全内容的数字化改造,建立线上智慧教学空间;为每一个师范生建立贯穿其教师教育、教师发展生涯的数字档案,详尽记录其教与学过程中产生的各类结构化、非结构化数据,支撑其职业生涯终身发展;依托教育学、心理学等学科优势,探索构建基于大数据的师范生与教师发展数字画像,为师范生的科学化、个性化、精准化培养提供技术支撑。

(执笔:刘伟、陈秋玲)

[①]《上海市高等教育教学数字化转型工作这样推进》,《东方教育时报》,2022年11月25日。

第三章
大数据赋能高等教育的制度体系

高校作为社会发展的核心机构,承担着国家现代化发展的重要使命。随着高等教育的不断发展,高等教育管理变得越来越复杂,高等教育治理的难度也在不断增加。当前,大数据行业正蓬勃发展,人类社会已经进入大数据时代,各个领域都在进行数据量化的进程。在这个背景下,教育部将大数据方法、大数据技术、大数据思维应用到高等教育领域,以促进高等教育的改革,推动建设中国特色高等教育体系。

自 2015 年以来,我国陆续发布了一系列支持大数据发展的政策,这些政策推动了大数据与高等教育的深度融合,逐渐演变为解决高等教育领域问题和推动高等教育数字化进程的关键手段。大数据与高等教育的融合来自政策的引导与激励,在数字中国战略、教育强国战略、教育现代化战略的背景下,大数据应用已经成为推动我国高等教育改革的现实需求。

本章共分为 3 节:第一节主要介绍数字化战略、教育强国战略、教育现代化战略背景与高等教育发展的相关性;第二节介绍高等教育治理体系的演变,主要是信息化阶段演变到数字化阶段;第三节基于前两节制度体系分析大数据与高等教育结合的发展趋势,提供大数据应用于高度教育治理路径的建议。

第一节 战略背景

大数据赋能教育的开启与全面推进离不开制度体系的保障,而教育数字化转型制度体系则在我国数字中国战略、教育强国战略和教育现代化战略 3 个深刻的战略背景下搭建形成。

一、数字中国战略：加快教育数字化转型

1998年，美国副总统戈尔提出"数字地球"的概念。中国科学院院士李德仁教授在此基础上提出了"数字中国"的概念，由此出现了最早的数字城市阶段。我国拥有庞大的人口基数以及强大的国家力量，具备应对巨大社会需求的能力。因此，通过构建数字城市、聚焦智慧城市、智慧中国和数字中国的建设，我国有望实现低碳、绿色和可持续发展。在这个大背景下，数字中国的雏形已经初现。

根据《中华人民共和国国民经济和社会发展第十四个五年规划和2035年远景目标纲要（草案）》（以下简称《纲要》），我国要迎接数字时代，激活数据要素潜能（夏杰长等，2021），推动网络强国建设，迅速构建数字经济、数字社会和数字政府，通过数字化转型全面推动生产方式、生活方式和治理方式的革命性改变。建设数字中国涵盖经济、政治、文化、社会、生态等多个领域，内涵丰富、外延广阔。为了加快数字中国转型，实现数字中国战略，我国落实了系列措施，开展了一批战略行动与重大工程，例如：开展"互联网+"行动、推进实施"宽带中国"战略和国家大数据战略等、推进5G研发应用、实施IPv6规模部署行动计划等（姜红德，2020）。《纲要》对"十四五"时期建设数字中国的教育领域有具体要求，其提出加快数字社会建设新步伐，要在学校、医院等公共服务机构平台打通资源共享通道，如推进在线课堂、打造智慧图书馆等。随着政策的不断出台与优化，新技术在国家发展各个层面得到全面应用，我国数字经济发展正在进入快车道。

二、教育强国战略：促进各类教育协调发展

党的十八大以来，我国在教育改革方面取得了重要发展。从学前教育到高等教育，我国各级各类教育的普及程度得到了跨越式的提升，教育体系得到了全面的完善。这一进展有力地促进了教育的公平性，全面推动了教育改革，显著提升了教育质量，为我国的经济社会发展提供了持续不断的人才储备，同时也提供了智力支持和保障。但是，客观来说，教育发展差距在我国各区域、城乡之间仍然存在。我国的教育发展问题还可以从基本公共教育的均等化水平，人才培养结构与社会需求的契合度，产教融合及科教融合体制机制的健全度，高校办学的特色、同质化问题以及创新活力（杨晓慧，2021）等几个维度进行改善。因此，党的十九届五中全会明确了我国建设高质量教育体系的政策导向，确立到2035年我国建成教育强国的战略目标。为了达成教育强国战略目标，需要牢牢坚持立

德树人的根本任务,全面贯彻党的教育方针,为建设社会主义现代化强国以及实现中华民族伟大复兴提供强大保障。

实施教育强国推进工程,促进各级各类教育协调发展,具有重要意义。这是推动教育公平、提高教育质量的关键途径,也是完善现代教育体系、加速教育现代化的内在要求。此外,这一工程也是深化人力资源供给侧结构性改革、提升教育服务经济社会发展能力的紧迫需求。更重要的是,它是符合立足新发展阶段、贯彻新发展理念、构建新发展格局的务实举措。此举对于贯彻教育优先发展战略、全面建设社会主义现代化国家具有重大意义。

"十四五"时期,教育强国推进工程从巩固基础教育脱贫成果、职业教育产教融合、高等教育内涵发展3个部分着手建设实施。首先,支持"三区三州"等欠发达地区进一步巩固教育脱贫攻坚成果,保障并扩大基础教育学位供给量,提高学前教育入学率、义务教育巩固率,切实保证群众受教育的权利,缩小地区间教育水平差距,从根本上防止"贫越贫"现象发生。其次,推动创新驱动发展战略落地,给予产业转型升级所需的技术、技能、人才三大支撑,深化产教融合、校企合作,发挥企业重要办学主体作用,推动职业院校及技工院校、应用型本科高校面向经济社会发展需求,加强产教融合实训基地建设,创新培养模式,优化培养结构,提升学生创新精神、实践水平和就业创业能力,打造一批精品职业院校,带动职业教育、高等教育质量整体提升,为实体经济发展提供支持。最后,加快"双一流"建设,重点聚焦国家发展急需的学科建设,提高对人才的培养能力,着力解决"卡脖子"难题(潘俊,2021)。优化调整高等教育资源布局,发挥高等教育对区域经济社会发展的支撑引领能力。

三、教育现代化战略:加快信息化时代教育变革

2019年中共中央、国务院印发的《中国教育现代化2035》提出,以习近平新时代中国特色社会主义思想为指导,全面贯彻党的十九大和十九届二中、三中全会精神,坚定实施科教兴国战略、人才强国战略,紧紧围绕统筹推进"五位一体"总体布局和协调推进"四个全面"战略布局,坚定"四个自信",在党的坚强领导下,全面贯彻党的教育方针,坚持马克思主义指导地位,坚持中国特色社会主义教育发展道路,坚持社会主义办学方向,立足基本国情,遵循教育规律,坚持改革创新,以凝聚人心、完善人格、开发人力、培育人才、造福人民为工作目标,培养德智体美劳全面发展的社会主义建设者和接班人,加快推进教育现代化、建设教育

强国、办好人民满意的教育。将服务中华民族伟大复兴作为教育的重要使命,坚持教育为人民服务、为中国共产党治国理政服务、为巩固和发展中国特色社会主义制度服务、为改革开放和社会主义现代化建设服务,优先发展教育,大力推进教育理念、体系、制度、内容、方法、治理现代化,着力提高教育质量,促进教育公平,优化教育结构,为决胜全面建成小康社会、实现新时代中国特色社会主义发展的奋斗目标提供有力支撑。

《中国教育现代化2035》聚焦教育发展的突出问题和薄弱环节,立足当前,着眼长远,重点部署了面向教育现代化的十大战略任务。其中一大战略任务是加快信息化时代教育变革。建设智能化校园,统筹建设一体化智能化教学、管理与服务平台。利用现代技术加快推动人才培养模式改革,实现规模化教育与个性化培养的有机结合。创新教育服务业态,建立数字教育资源共建共享机制,完善利益分配机制、知识产权保护制度和新型教育服务监管制度。推进教育治理方式变革,加快形成现代化的教育管理与监测体系,推进管理精准化和决策科学化。

第二节 治理体系的演变

随着时代的发展与科技的进步,教育与信息技术融合变革成为不可阻挡的趋势。在我国,教育+科技在不同阶段出现了"教育信息化""教育信息化2.0""互联网+教育""智慧教育"等多个政策话语。总结来看,我国教育改革经历了信息化阶段,目前正大步向数字化阶段转型。为了顺利推进教育信息化、教育数字化进程,近年来,国家陆续出台相关制度体系,给予不同阶段的政策保障与支持。

一、信息化阶段

教育治理经历了信息化阶段。《中国教育现代化2035》作为指导方针,旨在深化推进教育的普及与公平以及教师队伍建设、教育信息化、教育国际化等,全方位推进教育现代化的总体目标(王学男等,2021)。《加快推进教育现代化实施方案(2018—2022年)》作为行动方案,提出具体要求。由此,构成了技术与教育两条政策脉络相互渗透、相互促进、共同支持的国家战略规划体系。

表 3-1 我国教育信息化主要相关政策

颁布时间	相关政策	颁布机构	相 关 内 容
2018年4月	《教育信息化2.0行动计划》	教育部	通过实施教育信息化2.0行动计划,到2022年基本实现"三全两高一大"的发展目标,即教学应用覆盖全体教师、学习应用覆盖全体适龄学生、数字校园建设覆盖全体学校。信息化应用水平和师生信息素养普遍提高。建成"互联网+教育"大平台
2018年5月	《网络学习空间建设与应用指南》	教育部	"网络学习空间人人通"是"三通两平台"的重要组成部分,是构成网络化、数字化、个性化、终身化的教育体系与推动教育教学创新的有效途径。为推动网络学习空间的深入发展,规范网络学习空间的建设与应用,促进教学方式与学习方式变革,创新教育服务模式与管理体制机制而订立
2018年5月	《中小学数字校园建设规范(试行)》	教育部	数字校园建设的总体要求是坚持"深化应用,融合创新"的基本思想,采用云服务模式统一规划。分步实施,以促进区域的均衡发展和学校教育的质量提升。实现校园环境数字化、信息系统互联互通、用户信息素养提升、学习方式和教育教学模式创新
2018年8月	《关于高等学校加快"双一流"建设的指导意见》	教育部	构建"互联网+"条件下的人才培养新模式,推进信息化实践教学,充分利用现代信息技术实现优质教学资源开放共享,全面提升师生信息素养
2018年12月	《教育部关于加强网络学习空间建设与应用的指导意见》	教育部	加快推进教育信息化转段升级,推动教与学变革,构建"互联网+教育"新生态。整体推进网络学习空间建设,全面实现"一人一空间";发挥空间主渠道作用,优化教育资源配置
2019年2月	《中国教育现代化2035》	国务院	提出的十大战略任务之一就是要加快信息化时代教育变革,建设智能化校园与一体化智能化教学、管理与服务平台,并明确提出要确保财政一般公共预算教育经费支出逐年只增不减,保证国家财政性教育经费支出占国内生产总值比例不低于4%
2019年2月	《加快推进教育现代化实施方案(2018—2022年)》	国务院	提出以信息化手段服务教育全过程,构建"互联网+教育"支持服务平台,提出"各级政府在教育经费中按不低于8%的比例列支教育信息化经费"

续 表

颁布时间	相关政策	颁布机构	相 关 内 容
2019年3月	《关于实施全国中小学教师信息技术应用能力提升工程2.0的意见》	教育部	决定实施全国中小学教师信息技术应用能力提升工程2.0,基本实现"三提升一全面"的总体发展目标:校长信息化领导力、教师信息化教学能力、培训团队信息化指导能力显著提升,全面促进信息技术与教育教学融合创新发展
2019年6月	《关于深化教育教学改革全面提高义务教育质量的意见》	国务院	促进信息技术与教育教学融合应用。推进"教育+互联网"发展,加快数字校园建设,积极探索基于互联网的教学
2019年9月	《关于促进在线教育健康发展的指导意见》	教育部等	到2020年,在线教育的基础设施建设水平大幅提升,到2022年,现代信息技术与教育实现深度融合。资源和服务标准体系全面建立,发展环境明显改善,治理体系更加健全,网络化、数字化、个性化、终身化的教育体系初步构建
2020年3月	《2020年教育信息化和网络安全工作要点》	教育部	对2020年教育信息化和网络安全重点工作进行了安排部署,主要包括工作思路、核心目标、重点任务三方面内容
2020年3月	《关于加强"三个课堂"应用的指导意见》	教育部	针对基础教育阶段促进教育公平、提升教育质量的现实需求,在各地实践探索的基础上,就进一步加强"专递课堂""名师课堂"和"名校网络课堂"应用提出意见
2021年2月	《教育部2021年工作要点》	教育部	积极推进教育信息化建设

教育部于2012年、2016年、2018年分别颁布了《教育信息化十年发展规划(2011—2020)》《教育信息化"十三五"规划》《教育信息化2.0行动计划》有时代标志意义的重要政策文件。从对我国教育信息化发展的十年部署,到"网络"大环境下教育信息化的效果和问题的阶段性总结和目标,一方面从基本信息化环境建设到教育信息化,以应用层面的方法和手段,给教育改革和学生发展带来了积极的变化。同时,强调深入推进"三通两平台"的应用,加强信息技术与教育教

学的深度融合,构建一体化的互联网教育。重点关注大型平台的焦点转换和互联兼容性,提高教育技术硬件和软件的服务效率和质量。另一方面,随着人工智能、大数据、区块链等新技术的出现和不断发展,教育需要积极应对新技术带来的新挑战。

二、数字化阶段

随着时代的发展、科技的进步,国家也在出台一系列新政策来支持各领域进行数字化转型,教育作为社会发展一个相当重要的部分,正在从信息化阶段向数字化阶段迈进。

表3-2 我国教育数字化主要相关政策

颁布时间	相关政策	颁布机构	相关内容
2017年7月	《新一代人工智能发展规划》	国务院	发展智能教育。建立智能、快速、全面的教育分析系统。建立以学习者为中心的教育环境,提供精准推送的教育服务,实现日常教育和终身教育定制化
2021年3月	《中华人民共和国国民经济和社会发展第十四个五年规划和2035年远景目标纲要》	国务院	加快数字化发展,建设数字中国,构筑全民畅享的数字生活。加强全民数字技能教育和培训,普及提升公民数字素养
2021年7月	《关于推进教育新型基础设施建设构建高质量教育支撑体系的指导意见》	教育部等	要以教育新型基础设施建设促进线上线下教育融合发展,推动教育数字转型、智能升级、融合创新,支撑教育高质量发展
2021年7月	《5G应用"扬帆"行动计划(2021—2023年)》	工业和信息化部等	提出5G+智慧教育,加快5G教学终端设备及AR/VR教学数字内容的研发,结合AR/VR、全息投影等技术实现场景化交互教学,打造沉浸课堂。加大5G在智慧课堂、全息教学、学生综合评价等场景的推广,提升教学、管理、科研、服务等各环节的信息化能力

续　表

颁布时间	相关政策	颁布机构	相　关　内　容
2021年11月	《提升全民数字素养与技能行动纲要》	中央网络安全和信息化委员会	提升学校数字教育水平,将数字素养培育相关教育内容纳入中小学教育教学活动,设立信息科技相关必修课程,打造优质精品教材,开展数字素养相关课外活动
2021年12月	《"十四五"国家信息化规划》	中央网络安全和信息化委员会	首次明确提出"开展终身数字教育",并从基础设施建设、数字资源开发、教学变革等方面提出了具体要求
2022年1月	《"十四五"数字经济发展规划》	国务院	提出实施社会服务数字化提升工程,深入推进智慧教育
2019年3月	《教育部2022年工作要点》	教育部	明确提出实施教育数字化战略行动,建设国家智慧教育公共服务平台

2019年5月,教育部公布了首批8个"智慧教育示范区"创建区域和2个培育区域。2021年8月,教育部同意将上海作为教育数字化转型试点区(刘邦奇等,2021)。上海在长宁区、徐汇区和宝山区进行试点。上海市试点方案明确了8项主要任务:创新教育场景示范应用,深入推进教育教学变革;推进教育新型基础设施建设,打造教育数字化发展新环境;打造教育数字基座,赋能各类教育应用发展;推进教育评估数字化,开展数据驱动的教育综合评价;创新教育资源建设模式,满足多元数字化教育需求;实施信息素养提升工程,健全师生信息素养培养体系;推进教育管理业务流程再造,提升教育治理服务能力;加强数字化转型研究,促进数字化转型可持续发展(奚晓丽等,2021)。

《教育部2022年工作要点》将实施教育数字化战略行动列为重点任务,提出要强化需求牵引、深化融合、创新赋能、应用驱动,积极发展"互联网＋教育",加快推进教育数字转型和智能升级。这是信息技术与教育融合迭代的必然要求(张又伟,2022)。随着广播电视、互联网等手段先后应用于教育,我国教育信息化经历了从1.0到2.0的升级,5G、人工智能、大数据、区块链等新一代信息技术又向教育领域进军。比如,2021年7月,工业和信息化部、教育部等十部门印发

《5G应用"扬帆"行动计划(2021—2023年)》,明确了"5G+智慧教育"的重点应用领域,提出"加大5G在智慧课堂、全息教学、校园安防、教育管理、学生综合评价等场景的推广"。

第三节 "大数据+高等教育"发展趋势

随着大数据的发展,其在高等教育领域的应用也日渐广泛,正成为高等教育中快速发展的前沿领域。我国高等教育领域的大数据建设发展周期长,近年来国家相继出台了有关纲要和行动计划,对高校加快高等教育数字化转型和大数据建设提出了新要求(常桐善,2022)(见图3-1)。

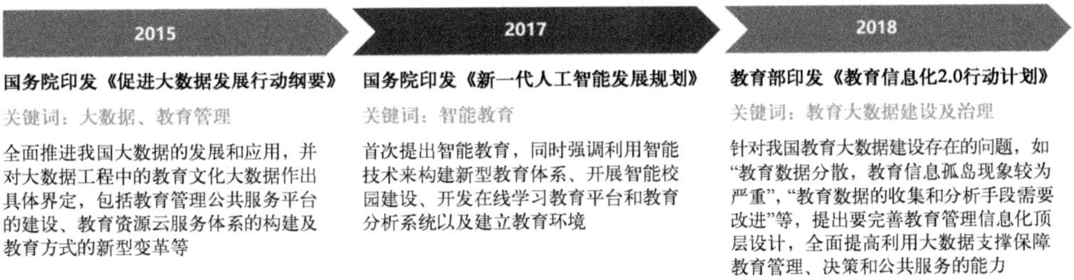

2015
国务院印发《促进大数据发展行动纲要》
关键词:大数据、教育管理
全面推进我国大数据的发展和应用,并对大数据工程中的教育文化大数据作出具体界定,包括教育管理公共服务平台的建设、教育资源云服务体系的构建及教育方式的新型变革等

2017
国务院印发《新一代人工智能发展规划》
关键词:智能教育
首次提出智能教育,同时强调利用智能技术来构建新型教育体系、开展智能校园建设、开发在线学习教育平台和教育分析系统以及建立教育环境

2018
教育部印发《教育信息化2.0行动计划》
关键词:教育大数据建设及治理
针对我国教育大数据建设存在的问题,如"教育数据分散,教育信息孤岛现象较为严重","教育数据的收集和分析手段需要改进"等,提出要完善教育管理信息化顶层设计,全面提高利用大数据支撑保障教育管理、决策和公共服务的能力

图3-1 "大数据+高等教育"政策趋势

首先,从政策方向上看,政府需加强高等教育大数据治理体系顶层建设,完善与大数据相关的立法、制度和组织建设。我国高等教育大数据建设存在沿用传统管理模式的弊端,还没有从法律、制度层面形成专门的国家、高校层面的完整体系,缺少大数据建设和应用氛围。此外,高校在进行大数据建设时,大多依靠信息部门,然而真正的数据使用部门(比如高教研究所)的参与程度却很低。这样的建设模式不利于技术与大学运行规则进行整合。大数据建设需要数据使用部门与信息部门联动是因为数据使用部门的参与有利于形成大数据应用文化氛围,树立全校范围内的大数据建设观念,塑造大数据治理理念,进一步解决数据分散和数据"孤岛"问题。

其次,要制定长远的高等教育大数据发展战略规划,确保数据收集和整合的持续性。对比其他领域,高等教育领域的大数据建设具有周期更长、持续性要求更高的特征。因此,高校必须从数据收集和整合、系统开发、技术和人财力配置等方面制定长远的发展战略规划,确保各方面工作持续稳定进行。目前,行政部门、高校以及高等教育相关机构共同制定长远的高等教育大数据建设战略规划是重中之重,以提升高校内部的大数据建设能力,确保数据收集和整合的持续性。

再次,要完善高校内部运行数据系统建设,增强数据收集能力,从根本上解决数据"孤岛"问题。高校的运行数据系统是高等教育大数据建设的基础(周萍,2017),高等教育大数据建设需要强大的数据运行系统支撑。美国大数据建设暴露的问题主要是由个性化和线上教学运行系统(学习管理系统)、教师教学质量评价运行系统还不够完善导致的。可以将运行系统的设计与学校的运行规则和决策需求相结合,使运行系统一方面满足大学日常运行的需要,另一方面为高等教育大数据研究作铺垫,从而提升运行系统的数据收集能力。

最后,通过多种渠道增加数据共享力度,协调政府、高等教育学会和高校联盟等组织,建立集基础教育、高等教育、社会和经济于一身的多层面大数据共享平台。通过数据共享,高等教育既能够做到数据量大、变化速度快、积累大量事实数据,又能够满足数据种类多元、齐全的要求,解决数据价值的局限性问题。

当下,大数据已成为信息化时代一个新的里程碑。在此背景下,我们需要从国家治理的层面了解高等教育治理的发展路径,从时代发展的宏观背景分析高等教育治理的趋势。此外,如何将大数据应用于高等教育治理领域,已成为高等教育改革发展亟待解决的关键问题。

(执笔:霍伟伟、严思远、梁咏梅、彭贤杰、徐心怡、王一昕)

第四章
大数据赋能高校教师发展的政策效应

以大数据驱动的新一代信息技术正与高等教育深度融合：多种技术复合的智慧教室将有形的物理空间和无形的数字空间、本地和远程连接起来，形成"以学生为中心"的多维交互的教学场景；基于教师和学生行为大数据的学情分析、智能督学、多维评测等，把教师从繁重的机械性的重复劳动中解放出来；通过对高校全要素、全流程、全业务、全领域的大数据进行关联交叉与分析建模，实现高校关键指标数据实时感知诊断、动态分析预测、即时判断决策……大数据为高等教育的高质量发展创造了新的可能，成为高等教育高质量发展的重要动力。

本章以"人工智能助推教师队伍建设行动试点"为例，主要从教育环境、教师素养和教师大数据3个方面阐述大数据赋能高等教育的政策效应。第一节主要介绍"人工智能助推教师队伍建设行动试点"的制度背景和主要内容，第二至四节分别介绍试点高校通过建设智能化教育环境、提升教师智能教育素养和构建教师大数据3个方面，助推高校教师发展的典型案例，从中寻找有益于促进人工智能助推高校教师队伍建设的经验与启示，以期为国内高校开展相关研究及实践提供借鉴与参考。

第一节 人工智能助推教师队伍建设行动试点

一、政策背景

大数据驱动的人工智能、机器学习、虚拟现实等新一代信息技术的快速发展和应用场景的广泛拓展，给高等教育带来了前所未有的机遇与挑战，也必将"促使高等教育的教学环境、教学方式、教学内容、教学评价、治理模式以及教师角色等发生深刻变革和创新"（陈鹏，2020）。以人工智能为例，我国在2017年人工智能市场规模就已经达到237.4亿元，其中以生物识别、图像识别、视频识别等技术为核心的计算机视觉市场规模占比达到34.9%（中国信通院，2018）。人工智能技术已经进入校园，在教学成果智能测评、构建个性化学习系统、智能批改作业等方面开展了智能教育的实践。

我国相继出台多项政策推动新一代信息技术与教育的深度融合与创新应用。以人工智能为例，国务院在2017年印发的《新一代人工智能发展规划》中明确提出"利用智能技术加快推动人才培养模式、教学方法改革，构建包含智能学习、交互式学习的新型教育体系"。2018年，教育部出台《高等学校人工智能创新行动计划》，指出高等学校在优化高校人工智能领域科技创新体系、完善人工智能领域人才培养体系和推动高校人工智能领域科技成果转化与示范应用3个方面的重点任务，并先后启动两批人工智能助推教师队伍建设试点工作。2021年，中央网信办等8个部门联合认定北京大学、清华大学、华中师范大学等19个国家智能社会治理实验基地的教育领域特色基地，主要利用领先的人工智能技术，面向教育领域搭建智能社会治理应用场景，开展智能社会治理实验，探索研究智能时代各种教育场景下智能治理机制。

高校教师是高等教育人才培养的核心力量，高校教师的能力与水平直接关系到高校的人才培养质量。2018年5月，习近平总书记在北京大学师生座谈会上强调，"随着信息化不断发展，知识获取方式和传授方式、教和学关系都发生了革命性变化。这也对教师队伍能力和水平提出了新的更高的要求"。同年，国务院在《关于全面深化新时代教师队伍建设改革的意见》中提出，"教师主动适应信息化、人工智能等新技术变革，积极有效开展教育教学"；教育部印发的《教育信息化2.0行动计划》再次提出"大力提升教师信息素养……推动人工智能支持教师治理、教师教育、教育教学、精准扶贫的新路径，推动教师更新观念、重塑角色、提升素养、增强能力"。为了推动教师主动适应教育信息化和人工智能等新技术变革，并考虑到语音识别、自然语言处理是人工智能技术应用的重要领域，教育部2018年将北京外国语大学作为高等教育领域的人工智能助推教师队伍建设行动试点高校，2021年启动了第二批人工智能助推教师队伍建设行动试点（见表4-1）。

表 4-1 人工智能助推教师队伍建设行动试点高校

批次		高校
第一批		北京外国语大学
第二批	东部	北京大学、中国农业大学、上海交通大学、华东师范大学、厦门大学、国家开放大学、北京协和医学院、海南大学、首都师范大学、天津师范大学、河北师范大学、上海大学、南京师范大学、浙江师范大学、杭州师范大学、三明学院、山东财经大学、齐鲁师范学院、华南师范大学、广东第二师范学院、海南师范大学
	中部	华中师范大学、太原师范学院、山西机电职业技术学院、长治幼儿师范高等专科学校、安徽大学、安徽师范大学、江西师范大学、江西中医药大学、河南师范大学、河南开放大学、湖北第二师范学院、湖南第一师范学院
	西部	陕西师范大学、云南大学、内蒙古师范大学、内蒙古机电职业技术学院、广西师范大学、广西建设职业技术学院、重庆邮电大学、重庆工业职业技术学院、成都师范学院、贵州师范大学、贵州师范学院、贵州理工学院、云南师范大学、西藏民族大学、西北师范大学、青海师范大学、新疆师范大学
	东北	东北大学、哈尔滨工业大学、沈阳工业大学、长春师范大学、吉林工程技术师范学院

二、政策概述

《中共中央 国务院关于全面深化新时代教师队伍建设改革的意见》强调，要把全面加强教师队伍建设作为一项重大政治任务和根本性民生工程切实抓紧抓好，推动高校教师主动适应信息化、人工智能等新技术变革，全面提高高等学校教师质量，建设一支高素质创新型的教师队伍，支撑高等教育内涵式发展。

2018年8月，教育部启动"人工智能助推教师队伍建设行动试点"工作，旨在"探索人工智能助推教师管理优化、助推教师教育改革、助推教育教学创新、助推教育精准扶贫的新路径"，首个试点高校为北京外国语大学。在《教育部办公厅关于开展人工智能助推教师队伍建设行动试点工作的通知》中，明确在北京外国语大学开展的试点工作包括以下内容：智能教室建设行动、智能教育素养提升行动、教师发展智能实验室建设行动、教师大数据建设行动。

2021年9月，教育部启动第二批人工智能助推教师队伍建设试点，旨在聚焦教师队伍建设的突出问题，"深入推进人工智能等新技术与教师队伍建设的融合,推动教师主动适应信息化、人工智能等新技术变革,积极有效开展教育教学"。在《教育部关于实施第二批人工智能助推教师队伍建设行动试点工作的通知》中,明确在北京大学、中国农业大学、东北大学、厦门大学、上海大学、华东师范大学等55所高校开展试点工作,重点推进的工作包括:创建智能化教育环境,提升教师技术素养与应用能力,推进教师大数据建设与应用,服务地方教育教学改革与创新等,目前第二批试点工作正在进行。

两批试点都将工作重点聚焦于高校的智能化教育环境、教师技术素养和教师大数据建设,明确高校应从这三个方面发力,利用人工智能助推教师队伍建设(见表4-2)。

表4-2 教育部人工智能助推教师队伍建设行动试点工作

批 次	第一批	第二批
启动时间	2018年8月	2021年9月
周 期	3—5年	3—5年
目 标	探索人工智能助推教师管理优化 助推教师教育改革 助推教育教学创新 助推教育精准扶贫的新路径	深入推进人工智能等新技术与教师队伍建设的融合 推动教师主动适应信息化、人工智能等新技术变革 积极有效开展教育教学
工作内容	智能教室建设行动 智能教育素养提升行动 教师发展智能实验室建设行动 教师大数据建设行动	创建智能化教育环境 提升教师技术素养与应用能力 推进教师大数据建设与应用 服务地方教育教学改革与创新等
试点高校	北京外国语大学	北京大学、中国农业大学、东北大学、厦门大学、上海大学、华东师范大学等55所高校

三、北京外国语大学的探索

在大数据赋能高质量的高等教育的情境下,高校教师在教与学的关系中如何定位?教师怎样获得数字技能?如何将数字技术有机融入教学实践?……人工智能等技术对教师身份、教学观念、教学模式和教学能力等方面都提出了新的挑战(王定华等,2022)。

　　北京外国语大学作为第一批试点高校,于2018年8月启动"人工智能助推教师队伍建设行动",并于2021年9月召开工作总结交流会。通过试点期间的实践,北京外国语大学在人工智能助推教师队伍建设方面,探索了以"四新"教师发展理念为指导的"四轮"驱动模式。具体而言,"四新"是指：以大数据、云计算、人工智能为代表的"新技术",智能时代的教育教学"新观念",以技术赋能高质量教学的"新方法"和教师在智能教育时代承担的教学设计者、促进者、引领者、价值观传递者等"新角色"。"四轮"是指创新智能教育环境、提升教师智能素养、创新教师发展模式和优化教师数据管理的"四轮"驱动策略(见图4-1)(孙有中等,2022)。

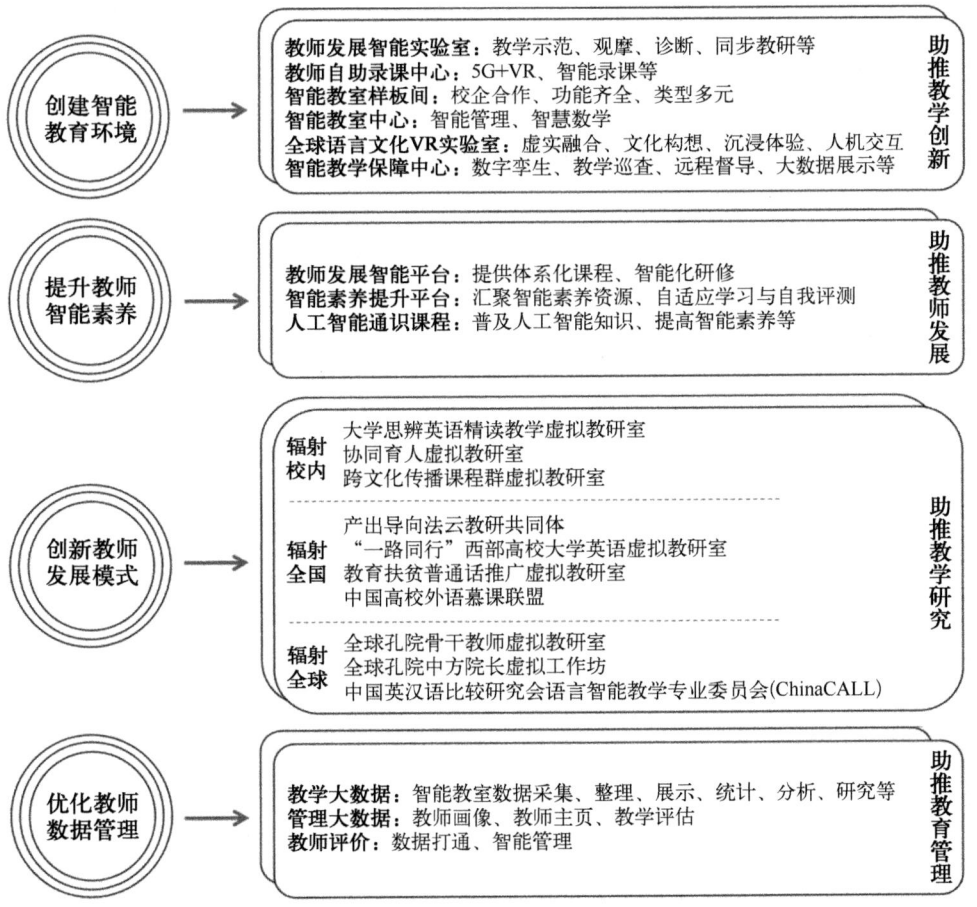

图4-1　北京外国语大学人工智能助推教师队伍建设"四轮"驱动策略

第二节 智能化教育环境建设

一、概述

智能化的教育环境是高校教师开展"以学生为中心"教学的重要基础。高校的智能化教育环境既包括智慧教室、智能实验室等硬件环境，也包括数字校园、数据平台等网络环境以及丰富多元的在线教育资源。运用人工智能、虚拟现实、云计算、5G 等技术赋能的智慧教室和智能实验室等，将本地的物理空间与在线的教学资源整合起来，充分调动教师与学生的能动性，实现教师与学生多维度、多场景的互动，提高教育教学的效果。

教育部 2018 年印发的《高等学校人工智能创新行动计划》提出，"在数字校园的基础上向智能校园演进，构建技术赋能的教学环境，探索基于人工智能的新教学模式，重构教学流程"，"鼓励发展以学习者为中心的智能化学习平台，提供丰富的个性化学习资源"。在《教育信息化 2.0 行动计划》《中国教育现代化 2035》《关于推进教育新型基础设施建设构建高质量教育支撑体系的指导意见》《教育部 2022 年工作要点》等政策文件中都对教育环境提出了要求。

二、典型案例

在试点过程中，各高校在数字校园的基础上，基于各自的学科特点建设智能教室、智能实验室等服务教师教学的智能教育环境。

（一）智能教室

随着人工智能、大数据、5G 等新一代信息技术的发展，各高校陆续建设并启用了以信息技术为支撑的智慧教室，实现"课堂教学及时互动、教与学资源动态选用、练习与作业实时反馈、基于数据的教学精准评价、智能工具赋能教师教学、微课支持学生个性化学习等"（钟绍春等，2022）功能。

华中师范大学是国内较早建设智慧教室的高校，在 2017—2018 学年已有智慧教室 28 间、高清录播教室 14 间、直播教室 4 间、微格教室 15 间、数字化试听教室 32 间（华中师范大学，2018）。智慧教室通过"物理空间、资源空间、交互空间相互融合,多维度数据一体化采集与应用"的三位一体模式(贺占魁等,2018),实现了师生实时互动、环境实时管理、数据实时采集、富媒体资源实时呈现等功能。学校自主研发了云端一体化智能教育SPOC平台——"小雅",将课程知识图谱、智能问答、智能推荐等多个智能模块整合在一起,结合伴随式教学数据采集和数据分析,构建了一体化的备、教、学、测、评、管服务体系。

上海大学为了推动以学生为中心的探究式、研讨式、互动式、合作参与式课程改革探索,于2018年正式启动智慧教室整体建设项目。2019年,全校智慧教室已达到100间,包含协作讨论、远程互动、多屏互动、灵动单人等多种类型,实现了即时互动、远程协同、全程评价和智能辅助等功能。截至2023年10月,164间智慧教室投入使用,智慧教室面积达到14813平方米。

北京外国语大学在试点期间大力推进智慧教室的建设。在初期建设的9个智能教室样板间的基础上,通过改造教学楼,建成了1间智能教学保障中心、1间分组研讨智能教室、47间增强型智能教室,打造了智能教室示范中心(郭馨泽等,2021)。截至2021年8月,北京外国语大学的智慧教室面积约达570平方米(见图4-2)。智慧教室整合了北京外国语大学U校园教学资源,利用智慧教室的硬件设备,依托人工智能技术实现自动批阅、线上线下数据收集和分析评测等功能,助力教师开展课前、课中、课后全流程智慧教学,助力学生实现个性化学习路径规划,助力教学管理人员进行精细化管理。截至2020年12月,全校70%

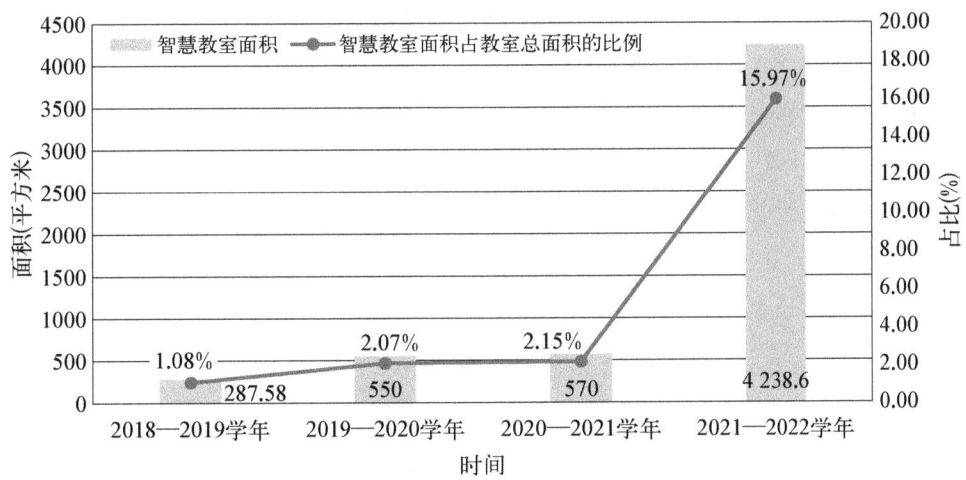

图4-2 北京外国语大学智慧教室面积及占比

数据来源:作者根据《北京外国语大学本科教学质量报告》整理

以上的教师在智能教室开展教学活动(孙有中等,2022)。在 2021—2022 学年,智慧教室面积继续扩展至 4 238.6 平方米,占学校教室总面积的 15.97%。

(二) 智能实验室建设

在试点期间,北京外国语大学重点建设了人工智能与人类语言重点实验室和全球语言文化 VR 实验室。人工智能与人类语言重点实验室成立于 2019 年 12 月,重点开展语言学习机理研究、基于人工智能的语言教学研究、多语种语料库、多语自然语言处理和外语健脑强智研究,并与外语教学与研究出版社、科大讯飞股份有限公司、北京大学和华为技术有限公司等建立紧密合作。实验室研发的"跨文化交际视域下走进韩国"虚拟仿真外语教学系统,可以让学生身临其境地感受韩国的历史、文化和发展现状,并可以进行实时的语言互动;实验室研发的针对桑戈语、斐济语等低资源语言的口语自动评判系统,可以实现对学习者发音问题的实时诊断和反馈(唐锦兰,2022)。北京外国语大学与外研在线合作建设了全球语言文化 VR 实验室。该实验室为北京外国语大学的 101 种全球语言提供成熟的智能化语言、文化和翻译课程,运用虚拟仿真技术,教师可以创设多模态、高仿真的 3D 虚拟场景,满足"真实语言文化情境体验"和"反复语言交际实践"的要求。

此外,北京外国语大学还建设了教师发展智能实验室。该实验室以"服务教学科研,促进教师发展"为设计理念,依托健全、立体化的课程体系,融合教师发展智慧平台、教师发展在线社区,整合新技术手段,构建多模态、多功能、多样化的教师培养环境。

北京大学在试点期间,遴选了在人工智能研究与应用方面基础好的院系和实验室,如在人文、考古、医学、化学材料等学科领域,利用人工智能等新一代信息技术推进建设哲学社会科学数据库、古籍智能整理系统、古典文献大数据分析平台、历代目录集成可视化系统、儒家学术史知识图谱平台、历代年谱 GIS 可视化平台等支撑平台[①]。

三、启示与思考

第一,智能化环境的建设需要将"以学生为中心"理念贯穿始终。无论是灵

---

① 《人工智能,赋能教师队伍建设》,《中国教师报》2022 年 07 月 13 日第 13 版,http://www.chinateacher.com.cn/zgjsb/html/2022-07/13/content_612175.htm?div=-1。

活多变的空间布局、智能化的教学设施、云端的教学资源还是幕后的数据采集与分析系统，都是以助力教师更高质量地开展"以学生为中心"的教学为目的并最终在教师的课堂上实现的。因此，为了使教师想用、会用、善用智能教室，在创建智能环境之后，学校应配套常态化、形式多样的智能教室、智能实验室教学应用培训，以实现智能教育环境的最大效用。

第二，智能的物理环境需要丰富的在线教育资源提供支撑，以共同构建虚拟的、泛在的学习空间。如何将校内外的MOOC平台、虚拟仿真实验平台、校内在线教学平台、教学管理平台、网上学习社区等在线资源有效融通，便于教师和学生便捷使用，需要智慧教室的设计者在一体化的视角下提前布局。

第三节　教师智能教育素养提升

一、概述

教师数字素养的持续提升是高等教育数字化转型的核心内容，同时也是高等教育教学数字化转型的前提条件（韩锡斌等，2022）。根据教育部制定的《教师数字素养》，教师数字素养是指"教师适当利用数字技术获取、加工、使用、管理和评价数字信息和资源，发现、分析和解决教育教学问题，优化、创新和变革教育教学活动而具有的意识、能力和责任"，包括五个一级维度：数字化意识、数字技术知识与技能、数字化应用、数字社会责任和专业发展。

2018年，《教育部办公厅关于开展人工智能助推教师队伍建设行动试点工作的通知》首次提出教师"智能教育素养提升行动"，并明确其内涵为"对教师进行智能教育素养培训，帮助教师把握人工智能技术进展，推动教师积极运用人工智能技术，改进教育教学、创新人才培养模式"。提升教师的智能教育素养需要高校与教师个体协同努力，通过培训、交流、实践等方式逐步实现教师数字技术融入教学的意识转变、素养转变、能力转变和研究转变（韩锡斌等，2022）。

二、典型案例

（一）智慧教学理念推广

高校教师在教学中应用人工智能，首先需要认同智慧教学理念，从智慧教学的受益者、学习者逐步转变为实践者、推广者。

北京外国语大学在试点期间针对本校教师的实际需求，建设了"教师发展智能平台"，特邀国内外教育研究领域知名专家围绕智慧教学理念与实践、慕课建设与应用、翻转课堂与混合式教学应用等主题授课，并发布研修课程。平台分别开设新教师入职培训、青年教师提升培训、骨干教师研修及专家教师领航等项目，通过智能督学功能跟踪教师的学习进展并实现智能学情监控分析和智能学习反馈。

北京大学在试点期间举办人工智能助推教师队伍暨"数字与人文年"系列学术沙龙，邀请校内外专家、校内人工智能专业的教师和在教学中应用人工智能的专业教师分享研究成果、教学心得，并开展头脑风暴，讨论在教学中应用人工智能的各种可能。

华中师范大学在试点前已在信息技术与教育教学深度融合方面进行了深入探索，"深度融合信息技术的高校人才培养体系重构与探索实践"这一成果荣获2018年国家级教学成果特等奖。2020年5月，学校打破学科壁垒，整合校内优质资源，组建人工智能教育学部，着力培养智能时代的卓越教师。

（二）智慧教学技能提升

教师智能素养的提升需要体系化的培训资源的支撑，北京外国语大学在试点期间上线了国内首个专注于教师智能教育素养提升的在线研修系统——"北京外国语大学教师智能教育素养提升平台"（Teacher Digital Literacy Development Platform of Beijing Foreign Studies University，BFSU TDLDP）。该平台由北京外国语大学网络教育学院研制、北京外国语大学在线建设，入选2019年5月教育部和联合国教科文组织联合主办的"国际人工智能与教育"大会成果展示。平台支持PC端和移动端，可以实现智能排课、多维测评、学情统计等功能，为学员提供交互式智能学习体验，为培训组织者提供全方位研修动态统计数据。2019年8月23日、24日，"全国教师智能教育素养提升论坛暨第二届北京外国语大学—英国开放大学在线教育研修班"首次启用了该平台。

为了推动教师在教学中运用人工智能，在实践中探索更多的可能，北京大学在2022年春季学期部署建设了北大培训平台。该平台提供线上培训和研修的学习资源，并自动记录教师的研修数据。此外，该校于2021年11月在校内启动了第一批"北京大学人工智能助推课程建设项目"申报工作，在全校范围内培育孵化人工智能改进教学的应用案例，征集了56门课程进行人工智能等技术促进教育教学改革的实践。在项目建设期间,组织专家讲座、案例分享、交流沙龙等,为课程建设提供支撑。

在试点期间,华中师范大学建成"人工智能＋教师教育"综合实验实训平台,覆盖教学、教研和培训多个领域,全面支持教师职业生涯的一体化培养。

三、启示与思考

第一,推动教师智能素养的提升,需要教师从理念上认同智慧教学。北京外国语大学通过建设"教师发展智能平台"、北大通过学术沙龙等形式,整合各种资源,将智慧教学理念推广与教师智能学习实践结合起来,让教师在学习中、讨论中逐渐认同智慧教学理念,并激发教师使用智能技术从事教学的热情。

第二,教师智能素养培训平台需协同整合各种在线研修资源,分类实施培训。各试点高校为教师智能素养提升提供了研修平台,例如,此外的"北京外国语大学教师智能教育素养提升平台",华中师范大学的"人工智能＋教师教育"综合实验实训平台,北京大学的在线培训平台。在线培训资源具有多样化、轻量化、拓展性、灵活性等特点,建议在设计研修平台时整合各类在线研修资源,比如纳入国家智慧教育平台的部分课程或共享其他高校的培训资源等。此外,分类考虑新进教师、中青年教师、年长教师的特点,进行学情分析,推荐有针对性的培训课程,并跟踪培训进度。

第三,鼓励教师在实践中应用人工智能技术,探索人工智能赋能教学的各种可能,形成对智慧教学的深刻认知。北京大学在校内开展"人工智能助推课程建设项目",对人工智能技术在教学过程中的落地具有示范和推广作用。教师在教学中灵活应用数字技术、不断创新教学模式,也将为培养学生的高阶思维能力以及探究、合作和自主建构知识的能力奠定坚实的基础。

第四节　教师大数据建设与应用

一、概述

高校数据治理是高等教育数字化转型和高校管理精细化转变的关键支撑。教育部印发的《高等学校人工智能创新行动计划》要求高校"运用人工智能开展教学过程监测、学情分析和学业水平诊断,建立基于大数据的多维度综合性智能评价,精准评估教与学的绩效,实现因材施教",实现教学过程大数据的采集与分析,并"运用人工智能技术变革组织结构和管理体制,优化运行机制和服务模式,实现校园精细化管理、个性化服务,全面提升学校治理水平",以实现高校管理大数据的最大化效用。在教育部两次发布的关于开展人工智能助推教师队伍建设行动试点工作的通知中,都强调通过采集教师教学、科研、管理等方面的信息,集合教师教学过程、教研轨迹、科研路径、教学管理等多方面数据,开展大数据挖掘,建立教师数字画像,为高校的整体决策提供数据支撑和决策依据,以实现高校的高水平教学和精细化治理。

二、典型案例

北京外国语大学主要整合了教师管理大数据和教师教学大数据,由东软集团与北京外国语大学信息中心共同建设。教师管理大数据通过采集教师教学、科研、管理等数据,达到师生画像、校情展示、学科分析、师资分析、人才培养、科研分析、数据监测、国内外大学排名等具体目标。教师教学大数据通过采集智能教室示范中心等教学场景中的教师教学行为和学生学习行为数据,从学校、学院、班级等层面进行个性化的数据分析,构建模型并给出预测与建议。

北京大学则利用已有的教师教学档案袋平台集合教师教学基本信息、教学成果、教学发展及教学评价等方面的数据(见图4-3),这一平台是实现教师数据融合共享、机构协同创新的重要平台系统。该平台不仅充分发挥大数据的优势为教师教育和发展提供支持,还是创新教师评价、优化评价管理、提升评价质量和拓展评价结果的重要工具。

华中师范大学研制了教师信息素养国家标准,形成了一系列教师信息素养评价指标、模型、工具和系统。学校于2021年启动教师数字画像评价指标体系研究,基于大数据,从师德修养、专业知识、教学能力、教研能力、育人能力、社会影响和多方评价等维度全方位、动态描述教师数字画像,为教师评价提供数据依据。

上海大学则在一网通办、财务报销和采购业务中充分发挥大数据等信息技术的优势,赋能更高效的管理。学校通过一网通办、一网通管的建设,整合和优化管理流程,通过线下一站式服务中心和线上一网通办流程的无缝连接,建成了以师生线上办理为主、线上线下服务＋24小时自助的师生服务模式。上海大学

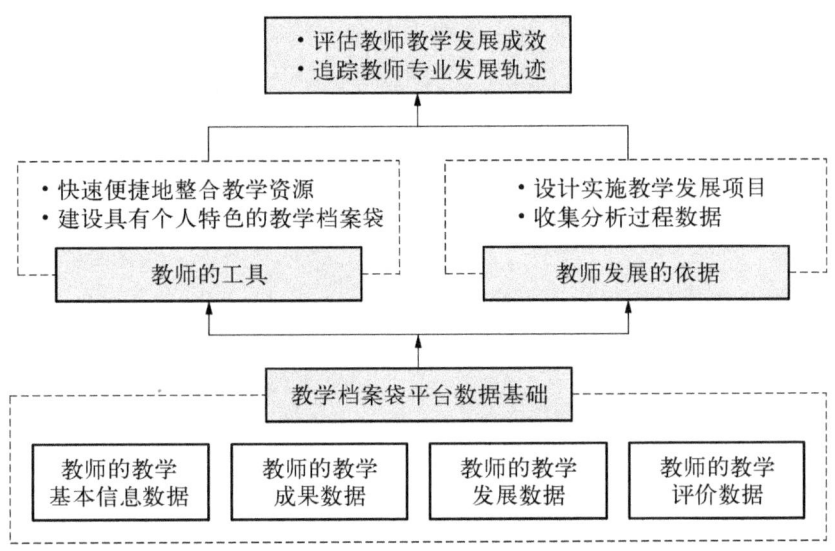

图 4-3 北京大学以教师教学档案袋平台为载体的教学发展综合体系

来源:于青青,冯菲.构建高校教师教学发展的综合体系:北京大学教师教学档案袋建设初探[J].中国大学教学,2020(8):66.

的财务智能报销系统嵌入内控要求和报销规则,实现了发票查验、智能识别、智能稽核、全流程线上报销等功能。上海大学的智能采购系统全景式地展现各类采购数据,实现了采购监控、采购异常智能警示及分析和追溯查询的功能。学校以数字化赋能采购治理的实践荣获 2022 年中国政府采购峰会"中国政府采购奖·年度创新奖"。

三、启示与思考

第一,构建大数据需要提前布局,系统设计,整体推进。高校在进行数字化治理的进程中,对数据应用的需求不断增加,但是数据应用对数据采集、数据管理等前序工作具有较强的依赖性,需要高校提前进行系统性的整体布局。随着高校数据源的增多,数据体量不断膨胀,数据存储与计算能力不断提升,数据应用将不仅通过 BI 图表可视化的方式辅助领导层决策,也将助力各细分单元对教师、学生端的精细化运营,因此,高校需要为数据应用的进一步拓展适当"留白"。此外,数据的采集、管理和应用需要校内各部门、校外机构和企业等共同协作,整体推进。在上文的案例中,无论是管理大数据还是教师教学大数据,都涉及校内外多个部门协作,需要各部门明确分工,一体化推进。

第二，高校构建大数据需要注重数据安全。随着高校数字化转型工作的深入推进，以及 5G、人工智能、物联网、云计算等数字技术的快速发展，高校的数据安全意识和保障能力不断提升。为了提高数据安全运行效率，最大限度降低数据安全风险，需要高校明确数据安全主体责任，将数据安全融入大数据设计、运维的全流程，不断提升高校数据安全风险治理能力。

（执笔：李钰）

第五章
大数据赋能高等教育的中台建设

本章基于数据治理的定义、核心内容和价值取向,比较分析当前我国高校数据治理的现状。在此基础上,进一步厘清高校数据中台的概念与内涵、特征与功能,并提出高校数据中台的建设内容和建设流程。为加速从数据到数据资产的价值转变,从数据标准、元数据、主数据、数据质量、数据安全5个方面对高校数据资产管理相关核心内容进行介绍。

第一节 高校数据治理

现代信息技术的迅猛发展使当今世界正处于新一轮科技革命和产业变革中。大数据具有海量、高速、多样性、价值性等特点,将成为核心驱动力和基础性战略资源(吴军,2019;毕马威中国大数据团队,2018)。习近平总书记指出:"要运用大数据提升国家治理现代化水平。要建立健全大数据辅助科学决策和社会治理的机制,推进政府管理和社会治理模式创新,实现政府决策科学化、社会治理精准化、公共服务高效化。"

大数据与高等教育的结合,对推动教育理念变革、模式再造、体系重塑,支撑教育改革和创新,提升高等教育决策科学化水平具有十分重要的意义。高校应当积极应对大数据给管理与决策带来的新挑战,坚持创新驱动发展,通过加快大数据部署,利用各种大数据技术手段,发掘和释放数据资源的潜在价值,以海量保证信息的完备性,以关联分析挖掘隐含的规律性,以预测能力提升决策的科学性,建立"用数据说话、用数据决策、用数据管理、用数据创新"的机制(国务院,2015)。

一、高校数据治理的定义

"治理"原意是控制、引导和操纵，指的是在特定范围内行使权威。全球治理委员会对治理的概念进行了界定：治理是各种公共的或私人的个人和机构管理其共同事务的诸多方式的总和，它是使相互冲突或不同的利益得以调和并且采取联合行动的持续的过程（俞可平，2000）。

数据治理的概念最早在20世纪90年代提出，目前在业界还没有形成一个统一的界定标准，不同的组织根据自身的特点站在不同的角度提出了各有侧重的理论体系。国际数据管理协会（DAMA）认为，数据治理是在数据资产价值创造的过程中行使权力和管控，包括计划、监控和实施，其目的是通过对数据资产进行有效管理，持续创造数据价值。DAMA依据数据全生命周期管理理念，提出了包含数据治理10个组成要素（元数据管理、数据质量管理、数据架构管理、数据建模和设计、数据存储和操作、数据安全、数据集成和互操作、文件和内容管理、参考数据和主数据管理、数据仓库和商务职能管理）以及7个环境因素（目标和原则、组织和文化、方法、工具、活动、角色和职责、交付成果）的数据管理框架（DAMA国际，2020）。软件能力成熟度模型集成（CMMI）研究所提出了数据管理成熟度模型（DMM）来帮助组织提升数据管理效能，该模型由数据管理战略、数据治理、平台和架构、数据运营、数据质量五大核心过程和一套支撑流程组成（付登坡，2020）。中国电子技术标准化研究院牵头，联合多家企业和高校提出了数据管理能力成熟度评估模型（DCMM），通过定义8个能力域和28个过程域来帮助组织和机构提升并评估数据管理能力。国际数据治理研究所（DGI）则认为数据治理是信息相关流程的决策权归属和责任担当框架，根据商定的模型，确定谁在什么情况下对什么信息使用什么方法能采用什么行动，并按此执行（包冬梅等，2015）。它从规则条例、组织架构、流程3个层次，提出了包含使命与愿景、数据利益相关者、主动型应对型与持续性的数据治理过程等10个通用组成部分的DGI数据治理框架，为企业在操作层面进行数据治理提供了理论指导。

综上所述，狭义的数据治理通常指数据资源及其在应用过程中的一系列管理控制活动，旨在提升数据的质量，它是一个管理体系，包括组织、制度、流程、工具等。广义的数据治理进一步拓展了数据治理的内涵，通常是指以释放数据价值为目标，通过系统化、规范化、标准化的流程和措施促进数据的深度挖掘和有效利用,将数据中隐藏的巨大价值释放出来的过程。对于高校而言,高校数据治理是指通过规划、控制和实施对教育数据进行全生命周期管理而构建的一套持续地将数据转化为资产并服务于业务的集合。通常需要制定组织架构、政策制度、技术工具、数据标准、流程规范、监督及考核等方面内容(李林等,2020),其目标是通过技术融合、业务融合、数据融合促进高校各业务部门数据整合共享、深度应用。

二、高校数据治理的内容

从管理层面来看,数据治理是一种特殊的管理。因此要有战略目标,并要使其与高校战略、业务目标、IT规划保持一致;同时还要有相应的组织架构和制度办法相配合;最后还要有考核评估,数据治理的最终成效需要通过考核来确定。

从内容层面来看,数据治理领域包括但不限于以下内容:元数据、数据质量、数据建模、数据存储、数据安全、数据分布、数据标准等。

从技术层面来看,数据治理涉及许多新的技术,如大数据、人工智能、云计算、物联网、自然语言处理、知识图谱、机器学习等。

与企业通常的数据治理相比,高校的数据治理有其特殊性,它的有效实施不仅需要上述技术支持,更侧重于以"人"为根本,以"数据"为核心,坚持"制度＋技术＋场景"模式,实现教育教学的协同管理和服务。

(一) 完善体制机制,构建数据治理体系

构建良好的体制机制是高校实施数据治理的前提和保障,高校应从自身实际出发,通过体制机制建设,进一步明确数据发展战略、优化组织架构、完善管理制度、建立决策机制等,形成数据治理长效机制。

1. 聚焦发展重点,制定数据战略规划

数据战略是实现数据精细化、高效化管理的基础,是高校数据治理的总体目标和发展路线图。因此,高校数据治理的首要任务是制定数据战略规划,在找准自身定位的前提下,明确数据治理的方向。高校的数据战略必须与高校的核心业务相匹配,并清晰地定义高校数据治理的使命、愿景,中长期目标和具体的行动计划,从而指导高校的数据治理实践。数据战略目标大致可划分为3个层次(祝守宇等,2020):第一层次对应短期目标,指满足基本的业务协同和管理决策需要;第二层次对应中期目标,在第一层次的基础上,通过数据拓展新业务、构建新业态、探索新模式进行创新与转型；第三层次对应长期目标，指在未来的竞争和数字化生态中的角色和地位。这3个层次对应了数据战略在不同阶段、不同成熟度下的具体形式。

2. 明确治理责任，健全数据治理组织

从公共治理变局与大数据属性及使用场域的特性来审视，一体化大数据中心治理方略的出场有其必然性与必要性（杨萍，2020）。当前，大多数高校的数据治理主要依托信息技术部门进行，缺少校级层面的数据治理管理协调部门来牵头组织制定学校大数据战略规划与数据资源管理相关的标准和制度、组织开展对各二级单位大数据资源管理工作的监督和考核、协调和推进学校大数据战略等工作。应当以目标导向、问题导向、需求导向为原则，通过优化数据治理组织架构，积极探索教育教学与信息技术深度融合模式，推动教育创新发展。

3. 加强归口管理，制定数据管理制度

加强数据治理体系和治理能力现代化建设需要坚实的制度支撑和保障，即从学校层面根据各部门的业务职能和数据的业务属性，将各类数据归属于相应部门，遵循"一数一源"的原则，确定每一类数据的唯一权威来源；同时健全完善数据管理制度体系，明确各类技术标准、工作流程及管理办法，为实现跨系统、跨部门、跨业务的数据共享和交换提供保障。

4. 推进技术创新，建立科学决策机制

建立健全科学、民主的决策机制，充分利用数据关联分析、人工智能等技术，为决策提供更为系统、精确、科学的参考依据。具体来说就是通过及时、全面的过程数据，对学校事业发展状况进行实时监测和评估，全面诊断学校发展状况、快速聚焦发展过程中的核心问题和关键环节、着力缩短决策响应周期、大力提升决策的科学性和有效性，以技术创新促进高校治理能力现代化。

(二) 提高数据素养，打造专业化人才队伍

在大数据时代，从纷繁芜杂的信息中快速提取有效信息作为决策依据和行动指南是一种基本素养。数据治理高质量、高标准的推进，离不开一支基础扎实、经验丰富、人员稳定的数据人才队伍。

1. 培养数据思维是善用数据的前提

大数据思维是以数据为中心的思维模式，相比传统的建立在确定性基础上

的机械思维,两者在思维方式上存在巨大差异。培养数据思维就是要引导教师和管理人员主动转换思维方式和工作方法,探索利用大数据工作的新途径。比如教师转变教学理念,改变传统教学中依靠感觉、直觉来进行教学决策的现状,通过利用日常教学过程中形成的大量数据,运用严密细致的逻辑推理和数据分析来识别推动学生表现的影响因素,及时调整教学策略,更好地满足学生的学习需求。

2. 提升技术能力是善用数据的保障

教师数据素养培育的知识基础须涵盖如何获取数据、分析数据、解读数据、交流数据等相关内容(孙冰红等,2019)。学校可结合日常培训、岗前培训、晋职培训等对广大教师及管理人员开展多层次、多形式、重实效的大数据信息获取、分析、应用及预测等方面的培训及考核。针对高校普遍存在的负责数据统计、业务系统维护的人员大多由相关业务人员兼职的现状,还应进一步明确数据人才队伍的岗位设定标准和专业发展路径等。同时还应在学校层面提供大数据分析需要的基础设施,如校级公共统一数据平台、数据决策支持工具等,为教师和管理人员利用大数据决策提供便利条件。

3. 健全奖惩激励工作机制,树立鲜明导向

加大对数据治理宣传力度,统一思想认识,健全各级各类奖惩激励工作机制,对改革和完善体制机制等方面作出重要贡献、在进行分析预测等方面有所创新等人员给予表彰和奖励;对虚报、瞒报、拒报、伪造、篡改数据等人员给予处罚。充分调动和激发广大师生参与数据治理的积极性和创新活力,大力营造"数据至上""以数据为中心"的文化氛围。

三、高校数据治理的价值取向

《教育信息化"十三五"规划》提出要建设"智慧校园",不断探索"以数据为核心资产、以数据驱动业务革新"的发展模式。《中国教育现代化 2035》也提出要开展大数据支撑下的教育治理能力优化行动,推动以互联网等信息化手段服务教育教学全过程。进入大数据社会,人类的生产、生活和工作方式发生了巨变,对于获取信息的维度、广度、深度和速度都有了更高的要求。高校主动通过数据治理,打通数据流通各个环节,推动信息技术的创新应用与教育行业场景的深化融合,以更好地应对政府管理、社会监督等外部问责考评,为师生提供及时、多样、可定制的服务,这是顺应时代潮流的必然选择。

（一）数据治理推进高校精准管理

现代高校是一种规模庞大、组织复杂、功能多样、对社会负有多种责任的特殊组织，需要大量的信息和专业知识才能对其进行管理（刘献君，2007）。高校数据治理不是一个活动，而是一个过程，涉及数据全生命周期的各个环节，每个环节相对独立并发挥其独特作用，同时每个环节间相互制约、相互关联（吴刚，2018）。高校应以应用为牵引，通过组织优化、制度创新、数据融合及流程再造，打造集学校教务、科研、人事、绩效、资产等多领域的全域数据链，实现数据在校院间的纵向贯通、部处间的横向协同。这样既有利于通过数据挖掘分析、多维分析、即时查询来实现精准管理和定制服务，又有利于推进高校管理由低效到高效、被动到主动、粗放到精准的变革。

（二）数据治理推动高校科学决策

数据治理的根本目标是提升数据的质量，实现更好的决策。大数据驱动决策是指用数据分析获取的信息和知识来替代决策者的有限理性，从而进行科学决策（李书宁，2018）。高等教育中的大数据驱动决策就是指通过对高校相关资料的收集、分析、研究和论证，进而促进高等教育教学或管理决策改进的过程（王宝玺，2019）。高校按照"收集—存储—分析—输出"的流程进行科学化管理，构建"数据—量化分析—决策—预判—监督反馈"的闭环自调节决策模式（闫利平等，2016）（何永松，2019）。相比传统决策，大数据驱动决策的主体和客体可以有较多的互动，能够提供一种动态优化的秩序，从而保证决策过程的优化。同时传统的决策常常基于"经验"，受到决策主体的成长环境、知识结构、性格秉性等方面的影响。而大数据决策遵从将万物数据化的逻辑（郑蕴铮等，2020），在大量、多维度、完备性数据的基础上，通过数据挖掘、人工智能等手段将隐含的规律及演化趋势展现出来，具有显性化、可共享、可重复检验等公共特性，据此作出的决策更加科学客观。

（三）数据治理助力高校创新服务

数据治理的最终目标是服务于业务，具体就是通过场景再造、业务再造、管理再造、服务再造来充分激发数据的活力、高效萃取数据的价值，盘活沉淀的数据资产驱动业务进行创新。高校在数据治理的基础上，通过提供个性化的服务，可以为师生带来更好的服务体验，进一步提升师生的获得感。比如利用大数据详尽地记录每个学生的学习过程数据，使得教师有可能根据每个学生的不同情况定制个性化的教学决策，从而实现教师更精准地"教"、学生更针对地"学"。

四、国内高校数据治理的现状

（一）数据治理机构设置及职能定位

准确、客观、及时的教育动态数据是提升高校决策管理水平、精确定位和诊断学校发展状态的重要前提。经过对国内数十所高校的相关机构设置和职能定位进行调查研究，按照牵头部门类型进行划分，发现当前高校数据治理主要有综合协调部门（如校办）、发展规划部门（如发展规划处）、信息技术部门（如信息化办公室）、大数据中心4种类型。为进一步比较不同类型之间的差异，采用问卷调查法按照统筹协调功能、决策咨询功能、技术支撑功能、数据集成功能4个维度开展实证研究，问卷采用李克特5级量表设计，根据功能重要性的高低从5分到1分进行表示。采用线上问卷的方式，面向高校教师和管理人员以及行业专家进行了调研，共回收问卷130份，其中高校教师和管理人员108份，行业专家20份，4种类型在4个功能维度上的平均得分如表5-1所示。

表5-1　国内高校数据治理不同类型牵头部门主要功能平均得分

单位：分

牵头部门	统筹协调	决策咨询	技术支撑	数据集成
综合协调部门	4.48	4.24	3.92	4.08
发展规划部门	4.55	4.65	3.95	4.26
信息技术部门	4.48	4.21	4.72	4.54
大数据中心	4.52	4.40	4.65	4.72

从表5-1可以看出，在高校数据治理统筹协调和决策咨询功能方面发展规划部门和大数据中心位列前2位；在技术支撑和数据集成功能方面信息技术部门和大数据中心位列前2位。综合这4个功能维度的得分，以大数据中心牵头的高校数据治理模式得到了大多数人的认同。结合高校实际，不同牵头部门类型间的优劣势对比情况如表5-2所示。

表 5-2　国内高校数据治理模式优劣势比较

牵头部门	优　势	劣　势
综合协调部门	统筹协调功能强	与学科建设等业务结合不紧密；信息支撑能力弱
发展规划部门	有利于规划牵引；与学科建设等业务结合紧密	信息支撑能力弱
信息技术部门	技术支撑能力强	统筹协调能力弱；与业务结合不紧密
大数据中心	学校授权、职责明确；数据共享融合、管理统一；深度应用、保障安全	建设周期长、投资大；技术发展变化快

（二）数据治理共性问题分析

国内高校在数据采集、存储、管理、使用等方面还存在以下 5 个方面的共性问题：

1. 多个统计部门，管理职能交叉

按照不同的业务条线，常规的校级统筹数据采集项目主要有：高等教育事业统计数据（高基报表）、"双一流"建设监测体系数据、高等教育质量监测国家数据平台教学基本状态数据、各类大学排名数据等。数据采集牵头部门有党政办、发展规划处、考评办、国际部等，涉及的协同部门有学工办、教务处、研究生院、招生就业部门等十几个职能部门。多个牵头统计部门，职能存在重叠，职能运行协调配合机制不够健全，难以统一高效地进行领导、组织、协调，数据的完整性、一致性、准确性不能得到保证。

2. 多个业务平台，遗留信息"孤岛"

经过多年的信息化建设，国内高校在网络基础建设、信息网络安全、应用系统提升、管理信息化等方面取得了明显的成果，大多建设了人事管理系统、教务管理系统、科研管理系统、学生管理系统等各类应用系统。这些业务驱动的应用系统往往系统架构、开发语言、数据存储方式都不一致，这种烟囱式建设形成了多个信息"孤岛"，"孤岛"之间数据不能互联互通，数据全生命周期管理难以实现，"填一次表""最多跑一次"等需求依然得不到满足。在决策层面，由于缺乏全面、完整、细粒度、多维度的数据支撑，不能全面地反映学校事业发展的实际状况,制约了学校数据应用的能力和水平。

3. 多个数据仓库,数据标准缺失

制定数据标准的目的是用来规范数据的一致性和保障数据的准确性。按照来源分类,学校的外部数据主要包含专利、基金项目、奖励奖项、国家级规划教材、教育部数据、大学排名数据、ESI 学科数据等;内部数据主要包含学校各业务系统如教务系统、科研系统、人事系统长期以来累积的数据,各业务平台在建设时大多仅考虑自身的业务需求,使得同样的数据在不同的业务系统内有不同的属性信息,无法全面客观地表达数据。各数据源之间彼此独立、缺乏统一的标准也增加了数据汇聚的难度、成本和风险。

4. 多种统计口径,数据定义繁杂

统计口径是数据统计工作所依照的指标体系。近年来报表统计的方式越来越多,口径也逐渐多样化,多种统计口径共存,既给统计人员带来困惑,又给统计数据的准确性带来挑战。需要从学校层面对多种统计口径进行管理,区分不同的统计要求以保障统计数据的准确性。在此过程中既要避免所有报表都用一个口径,又要重视将口径多样性和口径统一性相结合,通过多样性来解决报表之间的差异,通过统一性来保证数据的逻辑关系。

5. 多个数据出口,数据发布多样

缺乏专门的机构对校级报送统计资料和发布统计信息进行归口管理,数据由相关的业务部门产生后,被其他不同的部门获取后,得不到及时更新和维护。在存在多个数据出口的前提下,不同时间、不同部门甚至是同一部门、不同时间对相同的统计项目可能会有不同的结果。因此需要进一步规范统一数据出口,由一个权威部门代表学校统一向外报送统计资料和发布统计信息,保障数据的唯一性和准确性。

数据中台作为数据全链路的一站式平台,为破解高校数据治理难题提供了一种有效的解决途径。

第二节 高校数据中台

一、数据中台的概念与内涵

顾名思义,数据中台位于业务前台和技术后台的中间层,是企业级的数据共享服务平台,它整合了组织的全域、海量、多源、异构数据,并将数据变成数据资产,再以共享服务的方式将数据提供给业务端使用,从而与业务进行联动,而后业务又产生新的数据反馈到中台,最终形成数据闭环。因此,数据中台是"一套可持续让企业的数据用起来的机制,是一种战略选择和组织形式,是依据企业特有的业务模式和组织架构,通过有形的产品和实施方法论支撑,构建的一套持续不断把数据变成资产并服务于业务的机制"(付登坡等,2020)。

数据中台作为一种企业组织管理模式和理念,在内涵上,它既有技术的概念,又带有管理的概念。具体而言,从技术的角度来看,数据中台可以看作一种新型的企业IT设施架构,它在汇聚融合各业务系统数据的基础上,提炼业务间的共性需求,最大限度地提供数据及能力共享;从管理的角度来看,数据中台把数据转化为服务业务的能力,因此可以看作一套完整的让数据用起来的管理机制,需要从战略、组织、人才、技术等多个方面进行配合。

综上,数据中台集组织的数据战略、组织架构、技术架构于一体,按照先根据自身的信息化建设基础和业务特点对数据中台的能力进行定义,再根据能力定义选择和利用相关的数据组件或模块进行搭建的顺序进行,最终实现业务数据化、数据资产化、资产服务化。

二、高校数据中台的特征与功能

(一)高校数据中台的特征

传统的烟囱式IT建设方式在高校内部形成了诸多的信息"孤岛",使得外部数据和内部数据相互隔离、内部数据不能互通,极大地影响了数据的价值创造。数据中台集数据归集、存储、交换、共享、治理、分析、应用等功能于一体,具有以下几个基本特征:

1. 全域数据采集

以业务需求为牵引,汇聚整合高校内、外部多种来源的数据,破解数据"烟囱"、数据"孤岛",解决应用系统多、数据源头多等问题,实现对全业务、多终端、多形态的数据的全局规划与管理。

2. 标准数据架构

数据中台具有统一基础层、公共中间层和应用层的数据分层架构模式,通过结构化、规范化的数据指标实现口径统一。

3. 数据挖掘加工

数据中台依照统一的数据标准和质量保障体系,通过数据融合、资产萃取等方式,围绕核心业务提升进行数据资产建设。

4. 数据价值实现

面向核心业务和关键环节,通过对数据中台中的数据资产进行综合管理、分析、优化,充分发挥海量数据的潜在价值,驱动高校业务融合创新。

(二) 高校数据中台的功能

高校数据中台作为企业级的共享服务平台,有利于集中整合高校各类基础数据,统一数据统计口径和数据出口;有利于快速形成数据服务能力,为精细化决策提供支撑;有利于对原有业务系统进行集成对接,同时对新建系统进行统筹规划和部署。其具有如下主要功能:

1. 强化数据归集整合

建立一个校级的统一共享的数据中台,将数据从各类业务系统中提取出来进行归集整合、清洗加工、存储共享,联通数据"孤岛"、打通组织壁垒、提升数据应用能力,将海量数据转化为高质量数据资产,为后续个性化、智能化、深层次的数据应用(如决策支持系统、管理驾驶舱、教育数据统计、各类分析报表等)提供基础支撑。

2. 提升数据治理水平

建立数据中台,有利于实现数据的全生命周期管理,也有利于保障制定的有关数据治理、管理和管控措施的有效落地,保证数据质量。

3. 提高数据使用效能

各信息子业务系统通常只关注自身业务流程的数据,而忽视了多个业务系统之间数据的关联性,因此难以从整体、全域的角度来审视、利用数据,无法高效发挥数据资产的全部效能。通过建立数据中台,让业务产生的数据反过来支撑、提升业务,形成一个闭环,这样既打通了各个业务流程,将数据能力渗透到各个环节,又可以进一步提高数据的全域、全流程使用效能。

4. 优化智能决策水平

数据作为一种生产要素,其价值的体现和提升,不仅体现在数据的数量,更取决于对数据精炼提纯的技术,即如何最大限度地挖掘数据更深层次的价值来洞察事物的本质。建立大数据驱动决策模型就是应用数理统计、数据挖掘、人工智能、知识图谱等技术手段,实现宏观、中观和微观层面的统计分析和研判预测,为决策提供意见建议并辅助决策者及时作出预警或应对。

5. 支撑业务创新需求

依托数据中台的海量数据和智能算法,可以挖掘数据中隐藏的规律和洞察,敏捷地支撑业务部门的业务创新需求,从而推动业务流程再造和业务模式创新,打造快速服务业务需求的服务能力,体现数据的资产化及价值最大化。

6. 建立健全数据集市

无论哪种数据驱动决策模型,都需要全面、准确、细粒度、多维度的数据。在全面整合数据的基础上,基于各类应用场景,建立、完善各种数据集市,形成面向应用的、集成化的数据集合,进一步加快和提升数据赋能业务的速度和效率,快速形成数据服务能力。

三、高校数据中台建设

数据中台建设是一个宏大的工程,涉及整体规划、组织搭建、中台落地及数据运营等各个方面。建设内容则是数据中台建设需要明确的首要问题,通常应当包含以下4个方面:技术体系、数据体系、服务体系和运营体系(付登坡等,2020),通过这4个体系的建设打造高校的核心数据能力,为业务创新提供强大支撑。

(一) 技术体系

技术体系是数据中台的基础支撑,可以分为两个层面:一是大数据存储计算技术,包括Spark、Hadoop、Redis等;二是数据中台工具技术组件,包括数据汇聚、数据开发、数据资产管理、数据服务管控等多个方面(付登坡等,2020)。

(二) 数据体系

数据体系是数据中台建设、管理、使用的核心。高校的全域数据(包括业务数据、日志数据、系统运行数据、爬虫数据或其他方式获取的外部数据等)在数据中台中按照一定的标准定义以及建模方式进行加工后,形成高校的数据资产体系,从而快速响应前台和外部的需求,支撑各类数据应用和迭代创新。

(三) 服务体系

数据中台的最终目标是为高校提供精准管理、科学决策、创新服务的核心推动力。服务体系通过数据中台的服务组件能力,把数据变为一种服务能力,最大限度地发挥中台的价值。

(四) 运营体系

运营体系是保障数据中台持续、高效运行的有效手段。数据应用于业务后,其产生的价值通过运营而不断提升,通过持续进行数据质量监督、数据价值的评估、数据服务的推广,对数据中台进行迭代优化,不断提升中台的使用效能。

本书从数据全生命周期管理的角度出发,提出高校数据中台的架构如图 5-1 所示。按照数据活动进行分层,该框架由 3 层组成:第一层数据采集层对应的是分布在多个业务系统中的历史累积数据,以及实时生成的动态数据。中台提供数据收集的工具及解决方案,让数据采集、数据传输、数据存储、数据资源管理等全链路都可以自动化完成,并实现对活动任务的自动化监控。第二层数据治理层指的是对原始数据进行计算、治理以形成数据资产的全过程。这一层主要是对数据进行治理、形成数据资产,提供统一的数据资产地图、数据目录等。第三层数据服务层是指在数据治理基础上开展多样化的数据服务,满足不同数据使用场景的需要。这 3 个层次分别对应数据的输入、加工、输出全过程。

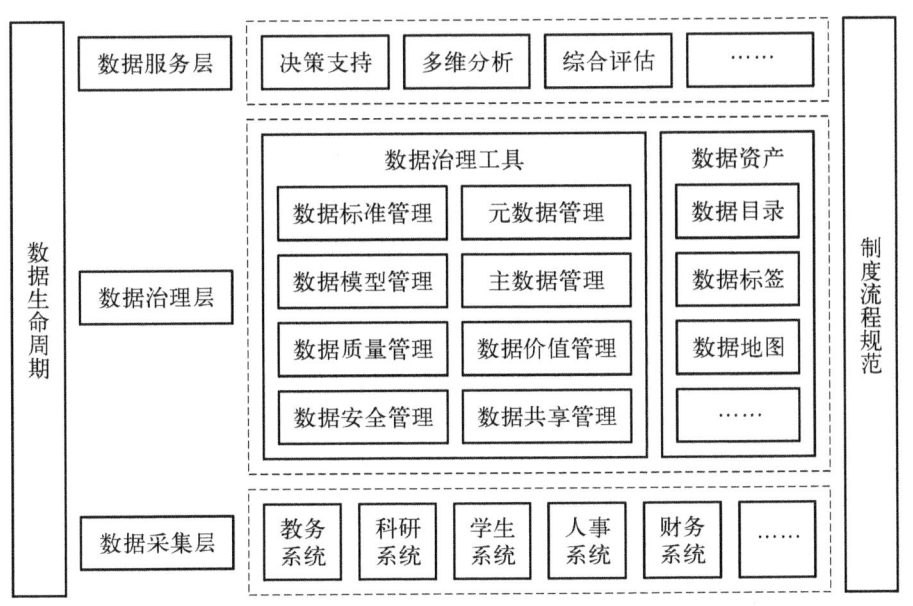

图 5-1 高校数据中台的架构

数据中台建设的总体流程包含梳理现状、设立架构、建立资产、数据应用、数据运营等5个关键步骤(见图5-2)。

1. 梳理现状

梳理现状是高校数据中台建设的前提和基础,侧重对高校的组织现状、业务现状、数据现状、技术现状进行梳理和盘点,从而深入了解高校的现状。

2. 设立架构

设立架构则是在现状分析的基础上,根据高校数据战略和数据应用规划,确定组织架构、业务架构、技术架构、应用架构和数据架构等。

3. 建立资产

建立资产是通过数据融合、数据萃取、数据标准、数据质量等,构建高校数据资产体系。

4. 数据应用

数据应用是数据中台面向具体的应用场景,提供数据服务功能,如决策驾驶舱、数据分析、数据可视化展示应用等。

5. 数据运营

数据运营是指数据中台需要通过运营来持续地进行迭代更新,不断丰富中台数据的同时,创新数据应用场景,优化系统,增加价值。

图5-2 高校数据中台建设的总体流程

第三节 高校数据资产管理

《数据资产管理实践白皮书4.0》对数据资产管理的定义为:"规划、控制和提供数据及信息资产的一组业务职能,包括开发、执行和监督有关数据的计划、政策、方案、项目、流程、方法和程序,从而控制、保护、交付和提高数据资产的价值。"白皮书还规定数据资产管理的职能包括:数据标准管理、数据模型管理、元数据管理、主数据管理、数据质量管理、数据安全管理、数据价值管理和数据共享管理共 8 个方面。现选取其中 5 个方面介绍如下:

一、数据标准管理

数据标准是对数据的表达、格式及定义的一致约定,包括业务属性、技术属性和管理属性,是数据治理的基础性工作。数据模型依赖数据标准用于指导数据开发工作,数据质量则需要根据数据标准对数据治理质量进行评估。当前大多数高校的数据分布在教学、科研、人事、财务等多个信息子系统,缺乏统一的数据标准,无法进行数据资源融合共享,因此需要加强以下 3 个方面的工作:

(一)研究制定学校数据标准

良好统一的数据标准有助于在数据建模、信息采集、加工处理、数据交换环节更好地进行资源共享。应以国家标准及各省市教育数据标准等为依据,遵循唯一性、合理性、可扩性、简单性、规范性、适用性的原则,通过需求分析、实地调研、专家咨询、分析评估等方法,制定与国家标准、行业标准要求相衔接的符合本校实际的数据标准。制定的标准应具有 3 个层次,分别为业务属性标准(数据元的业务相关属性,包含名称、业务定义、统计规则和逻辑等)、管理属性标准(数据元的管理过程属性,包括归属部门、使用部门、管理部门、加工系统、存储系统等内容)及技术属性标准(数据元的技术规范,包括数据格式、编码规则、代码取值等)。

(二)构建数据标准管理系统

现有的数据标准主要包括国家标准、行业标准以及学校各个应用系统实际执行的标准等,在多个系统、多种标准共存的现状下,构建统一的数据标准管理系统来进行不同标准间的转换和映射就显得十分必要。通过这种方法也可以最大限度地兼容现有系统,而不需要将它们都推倒重建。

(三)建立健全指标体系

指标是可衡量具有业务意义的指向和标杆,指标体系是一系列相关指标所形成的集合体,可以从多个角度来反映现象总体或样本的数量特征。应当充分利用大数据的显示、评价和预警功能,面向不同的应用场景建立起多种描述统计指标体系、评价统计指标体系和预警统计指标体系,为学校科学决策提供支撑(毕天睿等,2016)。

二、元数据管理

元数据是用来描述数据的数据。元数据的信息范围很广,不仅包括技术和业务流程、数据规则和约束,还包括逻辑数据结构与物理数据结构等,它描述了数据本身、数据表示的概念、数据与概念之间的关系等(祝守宇等,2020)。

业务元数据主要是对数据中涉及的业务语义进行描述,包括业务指标、业务术语、业务代码等;技术元数据侧重于技术的相关实现,包括库表名、表的结构、索引、字段约束等;操作元数据主要关注数据处理的过程与关系,比如管理部门、管理责任人等;管理元数据包含了数据管理的信息,例如表的业务属主、表的技术负责人。

元数据管理是对元数据进行创建、存储、整合、控制的一整套流程,是数据治理的核心与基础。它能够帮助开发和业务人员快速了解数据上下游关系、数据本身含义;也可以精准定位需要查找的数据,减少数据研究的时间成本,提高工作效率。具体而言,元数据管理包含元数据的增删改查、变更管理、元数据标准、对比分析、统计分析等。高校可通过元数据管理来实现业务系统数据模型采集、变化监控、与主数据进行数据结构映射,实现血缘分析和全链分析。

三、主数据管理

主数据是指满足跨部门业务协同需要的、反映核心业务状态的最关键的业务数据,具有跨部门、跨流程、跨主题、跨系统、跨技术使用等显著特征。

高校主数据管理旨在对高校主数据的全生命周期进行管理,从而保证主数据的一致性和准确性,包括主数据标准及规范设计、主数据建模、主数据梳理与集成、主数据质量管理、主数据共享服务、主数据维护等工作内容。

高校主数据管理的一般流程为:首先将最核心、需共享的主数据从高校的各个业务系统中整合出来,集中进行规范、分析、清洗等;随后将标准统一、扩充完整、准确无误、获得权威认证的主数据分发下去,供高校内部对这些数据有使用需求的业务系统、业务流程、决策支持系统等使用。通过主数据管理实现对高校主数据全生命周期的监控和管理。

四、数据质量管理

数据质量是数据价值的生命线,没有高质量的数据支撑,数据中台的价值将无法充分体现。因此,数据质量直接决定数据中台对管理决策、业务支撑发挥的作用。

数据质量管理是对数据全生命周期中各个阶段的质量进行识别、评估、考核、预警等一系列管理活动并通过提高管理水平来提升数据质量的过程。其主要包括数据质量检查、数据质量分析、数据质量提升、数据质量评估 4 个方面的工作内容。

高校数据质量管理是一项长期的、持续性的工作,需要贯穿数据生命周期的全过程。同时,只有持续地进行数据质量改进才能推动数据治理体系的完善,为高校数据战略提供坚实的保障。

五、数据安全管理

数据安全通常包含两方面的内容：一是数据自身的安全,二是数据保护的安全。《数据资产管理实践白皮书 4.0》对数据安全管理的定义如下：按照相应国家、组织相关法案及监督要求,通过评估数据安全风险、制定数据安全管理制度规范、进行数据安全分级分类,完善数据安全管理相关技术规范,保证数据被合法合规、安全地采集、传输、存储和使用。

数据安全管理主要包括数据安全审计、数据安全防护策略、数据脱敏和数据加密。其中数据安全审计是通过账号审计、授权审计、认证审计、访问控制审计、重要操作审计、敏感信息审计等手段来提高数据资产安全;数据安全防护策略通过识别数据全生命周期中各个阶段存在的风险,采取针对性的安全防护控制措施来保障数据安全;数据脱敏和数据加密则是通过对数据进行脱敏与加密的方式来提高数据安全性。

高校数据中台中汇集了高校所有高价值的数据资产,因此必须通过数据安全管理,采取一系列有效措施来确保数据处于有效保护和合法使用的状态,从而筑牢学校数据安全防护墙。

（执笔：周炜）

第六章
大数据赋能高等教育治理实践

20世纪90年代教育信息化以来,受技术发展阶段性限制,在教育信息化的过程中普遍存在"信息孤岛"问题。学校内部信息系统存在功能不关联、业务流程脱节和数据不共享的状况。但是,大数据、云计算、5G移动通信、人工智能及智能算法等新一代信息技术的发展与融合,形成了"云课程＋智能技术＋虚拟现实"的教育新组合,这些信息技术的发展为大数据赋能高等教育创造了良好的技术条件。

本章共分4节:第一节是高校数字化建设的关键技术,旨在介绍高校目前主要的应用技术,如大数据、5G移动通信、人工智能和智能算法技术;第二节介绍在技术和管理方面,高校在数字化转型过程中面临的挑战;第三节从教学管理、科研创新和学生工作3个方面阐述数字化技术在高校建设中的现有应用;第四节探讨数字化技术如何进一步赋能高校数字化转型,发掘数字技术在赋能教学、教师教学能力、学生学习和教学体系中的潜在价值,以期为我国高等教育数字化转型提供有价值的参考。

第一节 高校数字化建设关键技术

高等教育体系是一个内部要素相互依赖、结构相互联结,具有逻辑联系的整体。因而,在高等教育数字化转型的过程中需要依靠大数据、云计算、5G移动通信等数字技术形成"技术链条"来整合教育系统(王健等,2022)。例如,高校在信息化过程中所产生的海量结构化和非结构化的教育数据可以通过借助5G通信技术实现教育数据的稳定传输,并依赖云计算技术来实现海量资源跨时空共享,人工智能和智能算法技术则进一步对教育数据进行自动化处理和智能化分析以供决策参考。这些数字技术之间相互依赖,形成一条"技术链条"共同赋能高等教育。

一、大数据基础

(一) 大数据的内涵

大数据与以往的"海量数据""超大规模数据"等概念相比,同时具有数量庞大、多维度、处理高速化、价值密度低等技术属性和社会属性(程学旗等,2014)。大数据技术可以收集大量结构性或非结构性数据,并探索其内在规律,依此建立分析预测模型,为决策提供参考。在高校数字化建设中,基于大数据高度采集和深度分析的优势,能够从海量教育数据出发,透过数据看本质,探索出数据背后有价值的信息,并分析教育事件的价值逻辑,从而对教育的发展作出科学预测(袁利平等,2022)。高校在日常教学与管理的过程中,产生大量的教学管理数据、教学资源数据、学生学习过程和日常行为数据等诸多结构化和非结构化数据。通过大数据技术搜集、分析,可将类型复杂、数量繁多的数据转化为高校管理与服务可利用的资源(马建光,2013)。如今,大数据通过教育数据挖掘和学习分析技术两大基础技术,收集海量数据,利用统计学原理、机器学习和数据挖掘等方法来建模分析教学过程中产生的数据,整理构建学生的特征,进行个性化教学与管理,以优化教学与管理过程(何克抗,2019)。这已成为推进高等教育数字化、提高教学管理效应与品质不可或缺的技术手段(陈丽荣,2018)。

(二) 大数据的特征

大数据的特征可以归结为 5 个 V(volume、velocity、variety、veracity 和 value)。Volume(体量大)主要表现在数据整理和分析的数量庞大;velocity(速度快)主要表现为对数据实时性的要求比较高;variety(模态多)表现为数据种类多样;veracity(真实性)表现为数据与现实生活联系密切;value(价值密度低)体现为大数据可以分析更多的信息,但同时引入了大量没有意义的信息,因而大数据所关注的非结构化数据的价值密度偏低。

(三) 大数据在高校数字化建设中的应用

大数据技术是在教育领域广泛应用的新一代信息技术。在推进高校的信息化建设中,大数据技术在教学过程、教育评价、校园管理、教育决策等诸多管理过程中均提供了有力支持。

在教学过程中，通过记录教学过程中的详细行为数据，如课程签到、作业上交、学习资源访问、学习进展、互动信息等数据，可以更加精细地了解教师与学生的实时状态，掌握与判断学生的学习状态，并预测师生在教学过程中存在的困难，给出警示和提醒，以便教师调整教学内容与进度让学生及时获取帮助与支持，从而实现精准的个性化教学。此外，高校共享数据库中存在海量的教学数据，通过大数据技术可以有效地将这些教学数据进行转化，将信息技术与教育教学深度融合，进而优化教学效果，达到提升教学质量的目的。例如：通过学生在学习资源网站上对课件、视频等学习资料的点击情况、下载情况、在线观看停顿数据，可分析出课程教学重点、难点，从而为教师改进教学方式方法提供科学依据。在进行教学评价时，大数据技术避免了仅依靠学习成绩进行单维评价的弊端，它可以通过对学生学习过程、行为及结果等多维度的客观数据的追踪、记录，建立起一套立体、全面的教学评价体系。

在校园管理上，校园内存在类型丰富的终端传感器设施，例如：门禁考勤、图书借阅刷卡机、消费 POS 机等设备，而这些设施的使用过程蕴涵了大量高价值数据，通过读取信息及有针对性的数据分析，可了解学生的行为习惯，从而评估、摸排学生的日常生活。具体而言，通过学生校园卡的消费情况可以大致了解学生经济能力，从而辅助贫困生认定；通过上网时间、图书馆进出刷卡记录，可以了解学生学习情况，从而辅助预判学业困难生；通过对学生是否存在失联、晚归等情况的校园行为数据分析，可及时预警异常情况，第一时间采取相关措施，更好地做好校园安全保障工作。此外，高校大数据还可为学校传染病预防控制工作提供大力支持。通过分析患病学生的饮食、活动、就医情况及相关密切接触者的活动范围，可以快速、精准地对疾病进行控制，提高校园健康安全事件处理效率。

在教育决策方面，在大数据的支持下，管理人员和教育主管部门可以通过对来自不同地域、时段、场景教育过程的参与者进行多元的数据采集与分析来帮助决策者全方位地了解教育现状，为教育政策的制定提供数据支撑。此外，大数据的应用催生出了大数据驱动的新型教育研究范式，与以往侧重于经验定性研究和局部抽样的定量研究的传统研究范式不同，大数据可以实现对海量教育数据的深层次挖掘，充分探索隐藏在数据中的现象和规律（沈阳等，2020）。

二、5G 移动通信技术

(一) 5G 移动通信技术概念

第五代移动通信技术(5th Generation Mobile Communication Technology，5G)是具有高速率、高可靠性、低时延和大规模连接等特点的新一代宽带移动通信技术。为确保用户极致的使用体验，5G 移动通信技术依靠无线技术和网络技术等关键技术，已实现超过 100 Mbps 的用户体验数据速率、每平方千米 100 万个连接、1 毫秒端到端延迟和每秒数十千兆的峰值数据速率性能指标(兰国帅等，2019)。国际电信联盟(ITU)定义了 5G 的三大类应用场景：一是主要面向移动互联网用户的增强移动宽带(eMBB)，在移动互联网流量爆炸式增长的情况下为用户提供在应用的速率、可靠性等方面更加极致的用户体验。二是满足垂直行业应用的低时延通信(uRLLC)，主要面向对于要求低时延和高可靠性的的行业领域，如工业控制、远程医疗、自动驾驶。三是以传感和数据采集为主的海量机器类通信(mMTC)，其应用场景主要面向智慧城市、智能家居、环境监测等领域。

(二) 5G 移动通信技术的特征与功能

5G 移动通信技术具有高速度、低时延、大容量等特征，可以促进基础网络的虚拟化、服务化和智能化。

1. 促进基础网络的虚拟化

从全局视角出发，5G 网络通过感知、分析并对地理位置、用户偏好、终端状态和网络上下文等信息作出决策，实现数据驱动的智能化网络功能、资源分配和运营管理，进而实现不同业务、行业对网络的个性化需求，打破业务应用场景与范围的限制。

2. 促进基础网络的服务化

5G 在性能、架构、功能方面进行了颠覆性升级，可以支持网络满足多场景应用需求，实现与其他各类新技术的深度融合，进而促进网络向服务化发展。在服务内容方面，5G 完成了从简单数据通信向对网络资源的配置、网络功能的调节以及网络服务的供给的转变；在服务对象方面，5G 完成了从人到物的扩展以及人物互联互通；在服务体验方面，5G 攻克了传统互联网运行周期长、协调能力不足的缺陷，大幅度提升了用户体验感。

3. 促进基础网络的智能化

在基础网络虚拟化与服务化发展的基础上，其智能化成为可能。5G在面对不同应用场景时，会直接嵌入服务过程并向客户提供差异化的服务。同时，5G网络运营商能够识别有效数据信息来为客户提供个性化的数据服务，从而实现智能化（吕建强等，2021）。

（三）5G移动通信技术在高校数字化中的运用

1. 开展混合式教学

混合式教学在高等教育领域中运用的规模逐年扩大，已成为当下一种不可或缺的教学形式。在5G智能时代，可以更加科学有效地开展混合式教学模式。已有的MOOC、SPOC等在线教育存在交互性弱、情感与临场感缺失、个性化学习体验弱、课程资源更新缓慢等缺点，伴随着5G技术的发展，可以构建5G+4K/8K超高清互动直播教育场景，借助超高清视频直播互动增强学生的情感交互和临场感，促进教学质量的增长。

2. 借助虚拟现实技术提供学习支持

为了解决教学场景中开展实验培训高成本、高危险、难操作的问题，往往会通过打造"5G+VR/AR""5G+全息投影"等虚拟仿真实验教学场景来提升学习者的沉浸式、实景式学习体验。因此，将虚拟现实即VR技术融入学科教学已成为一种重要趋势。然而，VR技术的使用需要方位跟踪器、多人同步交互等系统的支持，而这些系统均依赖于强大的网络基础。在普通的4G网络情况下，为了维持VR技术使用的流畅性，往往会牺牲画质或减少交互次数。而5G网络则可以缓解4G网络的弊端，它能够为虚拟现实技术的实施提供保障的同时也为使用者带来良好的体验。

三、人工智能

（一）人工智能背景介绍

人工智能（Artificial Intelligence，AI）是一种基于数字计算机，以机器学习、深度学习等算法技术为驱动来模拟、延伸和扩展人类行为的智能系统，可以完成往常需要人类才能胜任的工作。人工智能最早于1956年由约翰·麦卡锡（John McCarthy）提出，一经提出便实现了快速发展，在过去的60年，在技术方面，其发展先后经历了大数据支撑学习阶段，由机器学习、深度学习等算法技术和以算力为核心的基础能力建设阶段,以及以多样化应用场景为目标落地的阶段。人工智能领域的创新研究逐渐加速,技术面向生活的各个领域,不断实用化,目前被广泛运用于医疗、管理、数据分析等领域。

(二) 人工智能在高校数字化建设中的运用

目前在教育领域,人工智能多被应用于思想政治教育、人文教育、医疗教育等学科教育中。在高校数字化建设中的人才培养、科研创新、校园管理和信息安全4个方面,人工智能也逐渐显示出其独一无二的优势。

在高校人才培养领域,人工智能实现了在课程与教师两个层面促进高校人才培养。在课程层面,人工智能可以利用智能资源共享,整合海量优秀的教案、课件等教学资源,不断完善课程体系,同时为课程开发提供技术支持。在教师层面,人工智能可以提升教师的教育质量。人工智能可以通过大数据分析评价教师的教学质量,使教师迅速识别在教学过程中的缺陷并及时改进,通过规模化数据和智能算法的运用重塑教师教育治理机制。此外,人工智能可以助力教师培育空间搭建,基于智能互联的教师培训助手系统可以通过云平台拓展教师学习空间。

在高校科研创新领域,人工智能有助于科研档案的整理运用,解决科研档案存在共享性低、利用率低的问题。利用人工智能相关技术,高校可以对科研档案进行智慧化管理,大幅提升科研档案资源的利用率水平,优化科研档案资源组织形式,合理构建科研档案自适应推荐平台。人工智能打通了传统学科间的边界,增生了新的学科点,加快了不同学科间的交叉融合,形成多种学科协同发展、交叉融合的全新局面,真正做到了赋能传统学科。

在高校校园管理领域,人工智能可从学生管理、安全管理等方面提升高校管理效率。在学生管理方面,人工智能系统主动记录并存储学生的相关信息,根据管理目标建立不同的计算模型,基于所建立的模型进行智能化诊断分析并作出反馈。人工智能的使用促进了学生管理的去中心化、扁平化、非正式化,提高教育质量的同时也提升了效率和便利性。在校园安全管理方面,人工智能助力校园门禁系统及宿舍安全管理系统,通过AI智慧识别算法判断出入人员,为校园安全提供保障。

在高校信息安全领域,人工智能的技术应用可以克服传统网络安全防御技术带来的弊端,有效避免信息泄露、遭受篡改及恶意攻击。人工智能技术将防御前置化,如此网络安全系统在面对各种威胁及攻击时,反应能力和响应速度就得到了提升。此外,通过加密机制下的参数交换,人工智能技术可以优化防御模型,并结合网络安全威胁情报,做到防御模型的快速更新与响应,真正实现分布式人工智能联合防御。

四、智能算法

(一) 智能算法的定义

算法是一组定义明确的计算机规则,它常常用于在有限步骤内求解某一问题。通俗来讲,算法就是通过一系列程序编写,形成解题思路,从而完成特定任务,而在编写程序的过程中即实施了某种算法。而智能算法是结合人工智能技术的一种新颖的算法理论,在人工智能工程实践中常使用的智能算法有模拟退火、遗传算法、禁忌搜索、神经网络、天牛须搜索算法、麻雀搜索算法等(武飞周等,2005)。这些算法(或理论)受到自然(生物界)规律的启迪,模拟自然过程并依据其原理求解问题。

(二) 智能算法在高校数字化建设中的运用

1. 建立校园网中的入侵检测系统

遗传算法的 BP 神经网络实时入侵检测模型是基于遗传神经网络建立的,它基于遗传神经网络能够将异常入侵检测和误用入侵检测集合于一体的长处,为系统在遭受内外部攻击时提供实时保护,有效填补防火墙技术的局限性,提升校园网的安全防范性能(张学锋等,2010)。

2. 设计高校课程编排方案

以粒子群-前行检测算法解决排课问题为例,将排课问题建模为约束满足问题,首先应用粒子群算法产生排课问题的潜在解,然后执行前行检测算法验证可能解的有效性。在第一阶段,执行粒子群优化算法,从而产生课程教室分配和时间档分配的潜在解。在第二阶段,应用前行检测算法,通过将课程编排问题罗列成树图的组织结构来验证第一阶段产生的潜在解的兼容性,检测教室空间是否能够满足上课学生数,以及教室和时间档与课程是否兼容(罗义强等,2018)。利用智能化的自动排课系统,可以节约人力,提高排课质量与效率,优化教学资源的使用。

第二节　高校数字化转型面临的挑战与困难

一、教育信息系统碎片化

建设教育信息系统涉及门户网站、OA 系统、招生系统、教务系统、财务系统、教学资源系统、教学质量监控系统、图书管理系统以及学校各部门自主购买的应用系统。在信息系统构建过程中各部门系统如果采用多个厂商参与共建的方案，很可能缺乏顶层统一规划和有效的协调机制，使得建设的内容都是以各自部门需求为核心的单体业务系统，致使学校内部系统管理分散、无关联性，加之系统间贯通成本高、数据汇聚难，造成严重的系统碎片化现象与物理隔离。教师和学生的日常工作和学习常常需要流转于多个平台之间，导致各类系统的用户体验差。

教育信息系统通常有统筹建设和分散建设两种建设模式。统筹建设旨在建设一个能最大限度满足区域内所有学校共同需求的通用系统。相对地，分散建设则更加关注个性化需求，它是由学校或部门与企业合作建设来满足客户个性化要求的教育信息系统。对比来说，统筹建设难以满足个性化需求，分散建设可以满足个性化需求，但投入建设的成本高昂，可能存在重复建设、数据共享途径缺失等现象，难以真正赋能高等教育。因而，高校在建设信息系统时，往往会面临两难抉择，未来数字化转型的过程中需要想出兼顾两者优势而又能规避两者弊端的第三种方案。例如，未来可以基于云网融合，利用低代码技术，汇聚并整合不同来源的服务，从而同时达到满足个性化应用发展的需求以及实现大平台的规模化效应(余胜泉等,2021)。

二、网络维护管理问题

大数据、5G 移动通信、人工智能等新技术需要较为复杂的基础设施支撑，为确保数字技术能够稳定、持续地运行，一方面需要高水平的专业团队进行技术维护，对技术支持人员的专业能力具有较高的要求；另一方面技术的总体运行成本高，对于学校资金投入也提出了较高要求。部分资源相对丰富的学校也许能够负担由技术应用带来的投入提升，而资源短缺的学校可能无力负荷智能技术的运行及管理维护成本,这会进一步拉大不同学校信息化建设的差距。

三、技术变革带来的数字鸿沟问题

数字技术变革一方面为教育创造了巨大的机遇,另一方面也对不同地域学习者在接受教育机会和成果方面提出了挑战,进一步扩大了社会不平等和排斥现象。其中最突出的体现就是数字鸿沟。当前各地区在教育数字化、信息化基础设施建设方面很不平衡。此外,技术开始广泛渗透于教育之中,教育领域的学习空间被不断扩大,这就对受教育者和教育者的数字素养提出了要求。技术发展引发的数字鸿沟一方面迫使高等教育积极应对技术变化,另一方面又要求高等教育直面技术的局限性与伦理风险问题。为了解决这些问题,政府与高校需要站在同一战线,继续加快构建教学数字化转型的基础设施,确保高等教育能够提供平等的技术资源、信息权利和教育机会。

四、数据隐私与伦理问题

随着大数据技术推进高等教育治理数字化,一些在现实社会中出现的教育问题开始转移至网络虚拟空间,通过多元结构的数据表现出来。随着大数据技术的发展,教育数据的来源和应用越来越广泛,导致了数据信息安全成为不得不考虑的核心问题。智能化设备的应用,使师生行为数据被全方位、全过程追踪。在发展校园网络空间时,高校会通过使用数据隐私保护技术应对网络安全威胁,然而技术的不断升级给网络安全带来了系列潜在风险,学校常规的网络安全模式仍存在安全漏洞,很多高校的网站或信息系统存在跨站脚本、SQL注入和后台管理弱口令等高危安全漏洞,难以防御新型攻击,网络安全威胁日益严峻。如果教学过程中的数据被采集、传播和扩散,很容易从中推测学生的个人偏好与思维习惯及其隐私信息。因此,在大数据技术的使用过程中,需要评估数据采集与分析的规则设定与评价边界,探讨如何有效规避教学过程中的隐私泄露风险,全面提升校园网络安全防护能力,如:对校内人员的上网时间及上网浏览内容进行一定程度的管控,达到在必要时可追溯上网行为的能力;及时查补信息安全漏洞,设置不良信息过滤和网络监控功能。高校应积极采取措施规避因海量的教学数据信息泄露或被恶意利用而造成的公共信息安全问题。

为规避技术在高校中应用所产生的数据隐私及伦理风险,数字技术相关行业需要加强数字技术安全规范,制定安全的数据存储、管理和保护机制来切实保障数字技术对教育高质量发展的促进作用；在技术人员管理上，需要加强技术工作人员的伦理道德意识，构建并维持安全、稳定的智能教育体系；在教师培训方面，需要有意识地引导教师合理、合规地运用技术，保障校园教育数据安全，确保学生隐私不受侵犯。

五、高校人员数字化能力不足

教师作为课堂教学的主导者，要充分发挥数字技术的智能优势就需要提高自身的数字化教学能力，从而确保顺利推进教学数字化转型。教师的数字化教学能力通常包括：在教学过程中融入数字技术的意识和素养、基于数字技术开展教学创新活动的能力、与 AI 助手教师协同开展教学的能力（李铭等，2022）。

为促进教师数字化能力持续发展，高校需要建立健全相关制度及政策，明确教师数字化教学能力的标准，构建教师教学能力发展的制度与机制。面对数字技术带来的冲击，高校应为教师提供相关数字化教学能力发展的资源、培训项目，从而提升其创新教学理念和教学的能力。

高等教育数字化转型过程将学习的掌控权赋予学习者，而学生作为学习者，其数字化学习的自我管理能力还有待提高。数字技术发展重构了高等教育教学系统的业务模式，使从前以教科书和教师为中心的教学模式被颠覆，转型为以学生为中心，要求学生自我学习、自我组织、自我培养、自我规划、自我调节和自我适应的个性化人才培养模式。而这种全新的模式是以学生较强的自我管理能力为基础的。

全新的教育教学体系打破了从前"教师依赖"的老模式，但依旧存在"技术依赖"的风险，为充分发挥学生的主观能动性，高校应重视培养学生数字化学习过程中所要求的自我管理能力，提高对学习的掌控权。

第三节　数字化技术在高校建设中的现有应用

教育数字化是推动教育现代化的核心策略（钟英华，2022）。2022 年，教育部明确了实施数字化教育战略的方向，强调需求导向、技术融合、创新应用和"互联网＋教育"的推进。主要目标包括：加速教育的数字化和智能化进程、支持国家智慧教育服务平台的建设、优化数字资源供应、丰富数字教育资源和服务供给,探索高校智慧教室和智慧课堂建设,深化网络学习空间应用,改进课堂教学模式和学生评价方式。此外,高校需强化数据分析,构建数据驱动的教育模式,并推进信息技术在教育中的融合。同时,需要完善教育技术标准,推动人工智能在教育中的应用,确保教育技术产品的审核,并提高个人数据保护标准。

在国家层面,数字化建设是高校创新管理、提升育人质量的重要方向和未来发展趋势。高校数字化建设可以助推教育教学,赋能教学管理、科研创新与学生工作。

一、高校数字化建设赋能教学管理

高校实施数字化助力教育教学工作,推动教学管理工作智能化、创新化发展。目前,已有多所高校建立了校园信息系统,以校园数字化助推教学管理一体化,形成高效化、信息化、服务化的一站式平台(卓小柳,2022)。

案例 1:上海大学通过信息化大平台的升级、整合与优化,构建了"一数一源统一数据平台",打通数据"孤岛"。上海大学的 OA & PIM 平台是一个可以实现各部门协同办理各类流程的平台,具体业务内容包括 300 余项,例如学籍状态收发文、新生迎新、老生离校、各类用印申请、学生海外交流申请、报告请示、合同盖章等。学校自主建设了贯通 4 个校区的 120 千米"环状"互联光缆,保障校区之间网络联通的稳定性和速度,为数字化转型提供基础设施保障。学校率先建成集数据中心、超算中心、技防中心、能控中心、视频会议中心、可视化大屏展示中心和空间共享中心为一体的智能信息大楼。学校建立了学位论文质量分析系统,通过多年来对研究生学位论文的评审数据分析,可以更加直观地了解论文整体质量,为学院和导师提供更多参考。针对同行评阅反映的论文规范性问题,学校加强了研究生学术规范培训,通过建设写作中心及开设写作课等一系列措施不断提升论文质量。

案例 2:2016 年,华东师范大学(下文简称"华东师大")开始研发"水杉在线"这一全链路在线学习平台。水杉在线平台是融合"教""学""测""评""练"的一体化学习平台,在面向学生的人工智能教育中起到链接课上学习、课下练习、课后复习的关键作用。在目前人工智能蓬勃发展的趋势下,高校更应建设贴合学生学情的创新教学技术。水杉在线覆盖了华东师大数据学院多门专业课和全校计算机通识课程,已为 1 000 余名研究生和 3 000 余名本科生提供了教学实验服务。学生可以在线自主学习、练习、考试,甚至与校内外其他科研团队协作完成大型科研项目。该平台为师生提供了 MOOC 学习、交互式实训、在线编程自动评测、代码协作及创新项目的全链路教学体验。同时，平台会记录学生所有的学习行为数据，进而提供个性化和智能化的学习服务。依托这一平台，学校发挥专业优势，以大学计算机公共课程为案例进行综合评价，探索以教育教学评价带动高等教育数字化转型的方法和路径。

案例3：2022年4月，北京正式开通"京学通"大数据平台和高校信息门户服务，该平台具有学生体质健康测试、教师队伍分析、学位预测、学校加工能力评价等专题应用，将多源教育数据汇聚一地，做到了及时更新、协同融合、智能分析和多场景应用。学校、教师、学生及家长均可通过该平台快速了解并查询招生入学、学业成绩、社会实践与志愿者服务、体质健康情况、个人成长历程等相关教育政策信息。

二、高校数字化建设赋能科研创新

随着移动互联网、大数据等的普及与发展，新一代信息技术改变教育发展样态成为新趋势：上海交通大学以超强算法搭建计算平台集群，驱动科研创新；福建省新罗区以"微课程"研究为核心，开展全区微课题研究。

案例1：2020年，上海交通大学（下文简称"上海交大"）初步建成了服务学校高精尖科研创新的"交我算"计算平台集群。该平台集群能够为科研创新提供算力基座强大的存储能力和计算团队优质的代码级服务能力。学校将数字化转型实践场景不断推广到教育行业和产业领域，通过云网融合等关键技术，将上海交大模式推广辐射出去。上海交大与行业内领军企业加深合作，上海交大提供人才资源，企业则发挥产业优势，两者强强联合，共同建设数字化校园，为国家和社会的发展贡献高校力量。

案例2：福建省新罗区以"微课程"研究为着力点，促进区域教研信息化建设。一是广泛开展二级培训，指导骨干教师掌握微课制作技术，完善区域微课程资源库，提高教研员和一线教师专业化水平和信息化应用水平；二是建设区域网络教研平台，创新教研形式，实现区域内教师互联互通，提高教研实效；三是确定实验基地学校，各基地学校选取若干实验班，实验班在积极探索的同时梳理案例和成果，做好引领，形成以点带面的发展态势。

三、高校数字化建设赋能学生工作

2022年4月，数字教育工作推进会在北京举行。会议赋能学生个性化发展，创建AI教研信息化平台，以人工智能为数字手段，以学生需求为中心，搭建教师筛选和甄别机制,形成实时更新的动态辅导教师库,升级优化空中教学内容,为师生及家长提供教育政策、招生入学、体质健康等教育信息服务。

案例1:上海师范大学在前期"人工智能+教育"实验班的基础上,获批人工智能专业并开始招生,致力于培养促进技术与教育深度融合的高端应用型人才。此外,学校也开始尝试推动多个教师教育专业培养过程的数字化转型,以此提升学校教师教育专业的培养质量。首先,升级改造物理空间。建设可支持师范生开展多类型教学的沉浸式教学空间,这种空间以人工智能驱动,可动态采集师范生教学数据。其次,数字化改造线上空间。上海师范大学在对流程进行优化和再造的基础上,将线下的教师教育体系进行三全优化,即全方位、全过程、全内容的数字化改造,从而建立线上智慧教学空间。三是建立教师发展数字档案。学校在教师教学过程中详尽记录了包括结构化和非结构化在内的教师数据,将这些数据保存起来,形成一份贯穿其职业生涯的数字档案,从而支撑教师的终身职业发展。四是构建师生发展数字画像。利用教育学、心理学所提供的学科优势,构建师范生在职业发展道路中的教师发展数字画像,从而做到师范生科学化、个性化、精准化培养发展。

案例2:上海交大电能学院面对学生总体数量庞大、科研生涯前移、学生思维特征改变等现状,从服务并解决学生的实际需求出发,运用信息化技术与大数据支持,设计系列创新举措与理论工具,推进支持思政教育工作高效运行。为实现面向近万名学生开展动态实时、精准可靠的精细化管理,一是设计并构建广维度学生电子档案,实现与相关系统数据联动,确保信息准确有效;二是开展学业情况大数据分析,量化反映电院8个研究生招生院系中学生规模的变化趋势、学生修业情况、学生毕业难度等,为学院通过的研究生思政教师带班改革方案、研究生新生班级划分方案等提供科学可靠的依据。

第四节　数字化技术如何进一步赋能高校数字化转型

大数据、人工智能、区块链、5G通信等数字技术的发展对人类社会生产生活方式产生了深刻影响。产业的数字化转型对人力资源领域提出了新的要求,要想在数字化市场占有优势,就必须具备数字化知识、技能与能力,而这些数字化素养的培育需要高等教育作出相应的回应(雷文彬,2022)。高等教育在培养人才时,必须以市场需求为导向,培养具有数字化思维、分布式认知、虚拟空间知识传播方式和人际交往方式能力的新型人才,高校需要积极转变人才培养理念、方式和治理体系,大力推动高等教育的数字化转型。

"十四五"高质量发展新阶段,大数据、5G、互联网、数字孪生、元宇宙等新技术与智慧监管业务深度融合,迅猛发展的信息化技术给产业转型升级增添了新动能(聂文梅等,2022)。围绕国家治理体系和治理能力现代化及各地政府提出的政府数字化转型工作要求,以互联网、大数据、人工智能、数字孪生、元宇宙为支撑,通过数字赋能全面提升政府经济调节、市场监管、社会治理、公共服务、环境保护履职能力,推动"一网统管"等领域协同应用,已成为监管部门提升监管效能、推动智慧监管的重要抓手。

数字化技术加速了高校数字化的发展,为高校教育提供了全新的视角与方式,但其中也面临着前所未有的巨大风险与挑战。在数字空间中,学习的范围可否被学习者掌控?技术提供的新的教育权力是否被适当应用?数据对学习者隐私权的影响能否被限制?技术使用带来的不同地区、不同社会群体之间的数字鸿沟是否能被缩小?这些问题亟待解决。尽管数字技术有巨大的变革潜力,但目前还没有找到将这些潜力变为现实的路径。数字化技术如何进一步赋能高校数字化转型,值得进一步探讨。

一、数字化技术赋能教学数字化转型

(一)数字化技术引领教学范式变革

教师基于教材教授知识是自工业社会以来经典的教学范式,输出一批又一批优秀青年人才为社会作出贡献。在传统教学模式中,教师是教学的中心,教材是用于知识传播的工具,而学生只是知识的被动接受者。然而,在大数据时代则不同,教学对象变成了数据的接收中心,具有个性化、主动性的特点,教学对象不再是一味接受知识的移动者,转而变成了知识的传播源。教学环境由线下的教室变为线下线上融合的 O2O 环境,智能化教室的出现打破了原有的传统教学空间,为学生创造更宽泛、更智能、更自由的教学空间。教学工具也从传统的纸质书籍转变为大规模、开放式线上学习资源。结合智能化学习设备,学生可以在课堂上以大数据网络为媒介,以智能化设备为辅助工具,吸收大数据知识。由此可见,在大数据发展的大背景下,传统教学模式向智慧教学模式转变势不可当。在智慧教学模式中，教师可以在正式开始教学前数字化分析每位学生，并根据每位学生的不同情况给予个性化指导；在教学过程中，教师则可以打破时空限制，利用大数据平台随时随地开展互动教学，利用大数据技术，教师可以实时监管每一位学生的学习动态，并根据学生的学习行为特征，及时调整教学内容和节奏，提供高质量的个性化教学服务。对于学生而言，大数据可以帮助他们更好地掌握学习方式方法与规律，利用大数据平台不断优化和改进学习方法，同时开展适应性自我导向学习。总的来看，大数据创造了以学生为中心的智慧教学活动，创新了原有的教学范式，助力因材施教进一步落地。

（二）数字化技术推动学校战略与组织机构变革

高校应着重构建高质量和包容性的数字化教学模式，并明确及实施其战略目标。规划制定需涵盖当前状况的评估、发展目标与优先事项的确定、预算及资源的分配以及行动计划的设计与战略实施。重要的是，教学数字化转型的目标应与学校的整体战略和价值观相一致。

教学数字化转型不仅需要学校原有组织机构职能转变，还需要新增数字化转型专门组织。高校教学数字化转型的专门组织机构分为 3 类：一是领导组织。以校级领导为核心，统筹教学数字化转型所需的资源，推动相关政策与规范。二是专家师资组织。汇聚信息技术、教育管理和教学设计等领域的专家，为转型提供方向与智力支撑。三是工作组织。组建包括教学管理、后勤、教学设计等职能团队，全面支持数字化教学转型。

（三）数字化技术孵化全方位教学支持服务

在教学数字化转型过程中，多样化的教学目标、教学资源、技术系统、教学方式和评价方法使面向学生和教师的教学支持服务变得更为重要。高校教学数字化转型过程中教学支持服务的转变体现出如下特点：一是由单一服务向系统服务转变。教学支持服务需采用系统化原则，强调跨部门合作，提供综合、融合的系统化服务。二是由物理空间向融合空间转变。从传统的物理教学空间向物理与数字空间的结合转变，为教师和学生提供持续的支持。三是由单点服务向全过程服务转变。数字化教学突破了原有课堂教学的时间局限，支持服务覆盖教学的前、中、后全过程。四是由服务群体向个体的转变。基于学习分析和自适应技术，满足师生的个体化需求。

(四) 数字化技术推动教学环境变革

数字技术在高校教学中应作为支持工具，而不是替代传统教学方法。为了实现教学数字化转型，不仅要创建一个支持教学变革的技术环境，还要对物理教学环境进行数字化升级。这意味着教室等传统教学空间需要能与数字化空间互动，通过引入数字设备，将物理空间的教学数据转化为数字数据。

网络教学环境的建设如校园网络、数字化设施与设备、学习管理系统软件、数字教学资源等建设水平与师生的数字化教学需求仍然存在差距，需要从学校层面统筹规划并进一步建设。新一代数字技术如人工智能、学习分析、物联网、社交机器人、区块链等必将与高等教育教学深度融合，学校需要保持数字技术在教育应用中的"发展式思维"，随着技术的发展，不断将新技术整合到已有的教学环境中。

二、数字化技术赋能教学体系数字化转型

为有效解决我国高校教育教学中的管理问题，促进高等院校的各项工作在新的历史时期进一步发展，高校方面需要制定科学合理的信息化管理制度，完善大数据系统体系，进而提升高校管理工作的效率，加快高校教育与管理的信息化建设步伐。由于原有的制度体系还在沿用，我国高校信息化建设在一定程度上受到约束，先进的技术和管理手段不能较好地在高校建设和发展中发挥优势。因此，高校信息化发展要从上层设计出发，对本校信息化发展现状作详细调查，找到本校信息化发展规律，依此打造出贴合本校信息化发展的路径和制度体系，保障信息化的顺利发展。

此外，高校需要在原有教育管理制度体系的基础上，革新出一套适应教学数字化转型的新型教育管理制度体系，并不断根据实践积累，提升管理制度体系的可行性和合理性，切实采取有效措施来促进信息化管理制度的具体落地。在制定信息化建设和发展的工作机制时，高校应协同各方资源，明晰各利益相关者之间的关系，做到各方利益最大化，从而得到各相关部门的支持，这样才能提升高校信息化建设的工作效率，增强高校现代化建设的科学性和有效性。此外，高校信息化建设少不了资金方面的支持，高校应加大资金投入力度，完善资金使用相关监督机制，做到专款专用，保障高校教育与管理的信息化建设顺利推进。

建立"用数据说话、用数据决策、用数据管理"的管理模式有助于提升管理服务的科学性。通过构建教育大数据一体化管理平台，能量化的尽量量化，为学院

管理现代化,尤其管理服务的科学化提供实证数据和决策支撑。例如,对学生进出图书馆、自习室等学习行为数据的监控,可以实现对学生学习投入度的分析,可瞬间评出最努力的学生;对选课系统的数据分析,可瞬间评出最受欢迎的课程和老师;对 OA 办公系统的数据分析,可瞬间评出工作效率最高、服务态度最好的职能部门。

（一）数字化技术推动教学质量向数字智慧转变

相比传统教学,在数字时代,教师需要有计划地将数字技术与教学相融合,从而提高其教学质量。在应用阶段,教师逐步认识到数字技术在教学中发挥的作用;在深化阶段,教师对信息化教学的相关知识体会进一步加深,开始意识到创新的教学方法;在创新阶段,教师切实落实创新性、变革性的教育教学方法。这种思路和方法是数字时代人们应用技术的能力,并可以通过这些技术达到超越自身天赋的能力,这就是数字智慧。

（二）数字化技术助力教学素养向数字典范转变

教师首先需要拥有一定的数字素养以及将数字技术融入教学的专业素养才能给学生传授 21 世纪所需的核心能力。在应用阶段,教师初步掌握常用数字技术工具的应用,如办公软件、网络教学平台、思维可视化工具、常用社交媒体软件等。在深化阶段,教师利用智能终端开放在线课程资源、社交媒体生成资源等进行专业学习,逐步形成终身学习的习惯。在创新阶段,教师开始灵活应用各种数字化技术工具。技术变得"不可见",教师成为数字化工作与学习的典范。

（三）数字化技术促进教学能力向自主合作转变

在应用阶段,教师掌握技术整合于课程的数字化教学方式;在深化阶段,教师开始精准识别教学中存在的问题,并借助数字技术解决问题,在持续改进中教学;在创新阶段,教师基于数字技术创新教学模式,着力培养学生高阶思维能力、合作和自主建构知识的能力。

（四）数字化技术推动教学模式向创新引领发展

在应用阶段,教师的教学研究是基于标准化模式的,他们会在教学过程中诊断教学问题并改进教学;在深化阶段,教师开始根据课程特点和教学情况设计、改进、完善适合该课程的教育试验方法；在创新阶段，教师根据教学规律进行深度反思，不断创新教学模式，并将所思所想与其他教师分享交流，达到共同发展的目的。

三、数字化技术赋能科研创新能力提升

近年来，全国各大高校不断优化科技创新体系，建立高水平科研平台，打造国家战略科技力量，培育优秀创新人才，让数字化技术成为助推高校科研创新水平提升的强大引擎。

（一）以数字之力激发科研创新澎湃动能

数字化改革的"硬核"在于其着力破解制约经济社会发展的体制机制问题。以数字化改革为抓手，促进职务科技成果转化集成改革，既能鼓励科研人员生产出更多具有转化价值的科技成果，也为科研人员群体创新致富提供了重要途径。牵一发而动全身，一子落而满盘活。实践证明，数字化改革作为全面深化改革的总抓手，能够有效推动高质量发展，激发科技创新澎湃动能。

数字化改革，探索如何以数字变革催生新的发展动能，以数字之力促进科研成果转化。以上海交大为例，上海交大药学院经过 20 年的发展，在体系和能力建设等方面打下了坚实基础，重点围绕我国生物医药的源头创新，聚焦基础研究的核心问题和产学研的瓶颈问题进行布局。积极探索构建前沿学科的人才和项目布局，通过优化管理措施、完善转化体系，在实践中摸索出一种全新的创新转化模式。高校在科研的道路上奋发前行，聚焦聚力强突破，自上而下、自下而上，引领国家科技创新数字化改革持续迭代升级，形成了一批"硬核"成果，交出了一份沉甸甸的改革成绩单（潘锡泉等，2022）。

（二）以数字之力开拓科研创新之路

在数据驱动科研的当下，科学数据资源不仅是国家的重要财富，也是生产力，更是各管理单位和每个实验室、每位科学家的战略资源。上海科技创新资源数据中心积极响应《上海市全面推进城市数字化转型"十四五"规划》提出的要求，围绕经济数字化转型、生活数字化转型、治理数字化转型和数字化转型基础 4 个方面的内容，特别针对高校实验室数字化转型和数字化创新，策划了"科研路数据行"高校实验室系列路演。上海市研发公共服务平台管理中心、上海科技

创新资源数据中心相关负责人指出，推动实验室科学数据管理体系建设，让更多的实验室领袖参与并推动科研领域数据化转型，在提升实验室数据管理能力和科研产出效率的同时，助力科学数据管理体系建设。此外，进一步加强和规范科学数据管理，保障科学数据安全，提高开放共享水平，才能更好地支撑国家科技创新、经济社会发展和国家安全。

上海科技大学智能化信息系统建设项目顺利通过市经信委组织的专家验收，标志着学校信息化建设第一阶段任务圆满完成，为实现教育数字化转型、推进教育现代化建设和高质量发展奠定了坚实的基础。上海科技大学在信息化建设上走出一条独特的道路，始终以学校需求为出发点，以用户获得感为考核标准，实事求是，主动面向未来，不拘泥于原有规划与规定，前瞻设计和布局，把完成项目与持续发展有机结合，在满足学校当前发展的同时为对接教育数字化新环境新体系打下基础。

（三）以数字之力谋划建设智慧科研平台

高水平科研平台建设对科技创新具有极其重要的意义，创新型科研平台助推高校实现资源共享，带动产业结构优化升级，积极服务社会，引领行业发展。2021年11月，为加快实施创新驱动发展战略，进一步推进上海市专业技术服务平台建设发展，上海市科学技术委员会通过向全社会公开发布指南，各技术服务平台经过网上申报、专家评审，最终上海市科学技术委员会在70多个项目中挑选了23家平台列入上海市专业技术服务平台建设计划，复旦大学的上海市聚合物分子工程专业技术服务平台是其中之一。上海市聚合物分子工程专业技术服务平台将具有技术优势的科研人员加入现有共享仪器平台的技术服务范围，实现了高分子功能材料的全链条标准化一站式测试和全方位特色技术服务，打造成一支能指导产业界进行功能高分子材料结构设计与实验验证的研发队伍和检测服务队伍，推动上海市、长三角及我国在相关领域的技术进步，为相关企业、政府部门等提供技术支撑和人才培养服务。再以重庆大学为例，学校依托前沿交叉学科研究院，瞄准世界学科前沿，凝练出20个科学问题，组建了"先进电能源化学""量子材料与器件""跨尺度多孔材料""超瞬态科学"等5个前沿科学中心。围绕国家重大战略需求和国民经济主战场，梳理出20个"卡脖子"关键技术，成立了"人工智能""智慧城市""碳中和""智能肿瘤学""乡村振兴""绿色智慧供应链"7个交叉学科研究院。以国家重点实验室优化重组为契机，紧扣高端化、智能化、绿色化发展方向,围绕"先进制造""智慧能源""低碳技术""先进材料""电子器件""人工智能"科学领域打造重庆大学科学中心。搭建"未来芯片""量子材料""合成生物学"综合性实验平台,实现创新主体聚合,创新资源汇聚。

四、数字化技术赋能学生工作数字化转型

在数字时代,数字技术对经济活动、社会活动、科研活动等领域起到强大的支撑性作用。同时,数字化技术的革新也对科研范式形成了重大挑战,提供了广阔机会。所以,推进学科建设与数字化的有机融合,将有助于培养数字文明时代的高素质创新型人才,创新科学研究和社会服务领域与范式,催生学科创新和数字应用兼具的新型学者。在工业时代,高等教育往往选择规模化的教学方式,在短时间内培养大量具有专业技能的人才。而在数字化时代,单纯的专业型人才已经不能满足社会发展的需要,教学需要进行数字化转型从而培养市场需要的复合型人才。所谓的复合型人才是指同时具备跨学科知识储备、跨学科专业能力以及相应的品质品格的高素养人才(Bandola-Gill et al.,2022)。数字素养不仅是综合素养的重要组成部分,也是数字时代学习者获取专业知识和专业能力的重要方式和手段(瞿妍,2020)。由此可见,数字技术的革新与发展对高校开展学生工作提出了全新要求,推动学生工作数字化转型升级。

数字时代学生学习的转变呈现出如下特点:

（一）自主性管理成为学生新的发展目标

高等教育教学数字化转型的一大特征就是将学习的掌控权赋予学生,完成从"教师中心"人才培养体系到"学生中心"人才培养体系的转变。在这样的培养模式下,学生可以根据自己的未来职业导向规划在校课程,选择感兴趣的科目,从而真正做到个性化培养、自我培养,锻炼学生自我认识、自我设计、自我激励、自我调控的能力,在动态过程中逐步趋向自我完善。学生自己决定学什么、怎么学、如何学是未来教学模式改革的趋势,高校应促使学生形成自学习、自组织、自培养、自规划、自调节、自适应的习惯和能力(孙翕,2022)。

在面对人才培养模式转变时,高校的政策体系也应作出相应的创新变革。数字化转型背景下的人才培养模式对学生的学习自主管理权提出了要求,因此,高校管理者应重视培养学生数字化学习过程中所需的自我管理能力,即提倡学生积极学习、主动学习,发挥主观能动性(盛婷婷等,2021)。同时,学校培养学生必须以市场发展为导向,高校应看得远,跳出校园的围墙,积极关注行业发展情况,知悉市场所要求的就业素养,帮助学生规划未来学习和发展的路径。同时,教师的角色也要及时作出转变,传统模式下,教师仅仅是知识的传授者,然而在数字化转型的大背景下,教师还应成为解惑者,这里的解惑就包括学生生涯发展咨询者、专业指导者等社会教育职能。值得注意的是,学生也应该充分发挥主观能动性,避免从传统模式下的"教师依赖"升级为数字化背景下的"技术依赖"。

(二)个性化发展成为学生新的学习方式

高等教育教学的数字化转型,为学生提供多样化、个性化、精准化的学习支持服务,为提高学生学习的效率、改进学生的学习方法提质增效。当今,越来越多的高校运用数字化手段进行学习辅导和学情监测,学生学习支持及相应的预警与帮扶系统将更加完善、智能,学生问题得到及时响应,解决问题效率更高,使学生画像更加精准,能够为学生完成学业、实现个人成长保驾护航。数字化技术将扩大学习数字化服务的应用场景,"虚拟助教"使线上实时辅导和交流更加方便快捷(左宁,2022)。虚拟助教可以替代教师进行简单的答疑,包括讲解课程基础知识,在线督学和其他咨询等。这不仅可以在一定程度上解决师生比例低,教师无法实时回复每个学生疑问的问题,还可以督促学生学习,提高学生的学习自律性。面向学生的学习支持服务的个性化特征越来越明显,学生的个性化学习路径更加明确,学习难点更加准确。个性化的学习支持服务能够针对学生的学习情况和学习需求,为学生提供个性化的学习辅导,精准解决学习困难,提升学习质量。人工智能赋能学生个性化学习,通过对海量学习资源和过程数据的搜集和挖掘而提供个性化推荐,通过优化调整推荐内容不断促进学习者高效完成学习任务,提升学习者的深层次认知能力和促进有效学习(林楠,2022)。

(三)人机结合成为学生新的认知方式

人工智能技术的发展使人类借助智能机器认识和改造世界变得可能。出生于新世纪的新一代大学生是数字时代的原住民,他们伴随着触手可及的移动设备和方便快捷的网络成长起来,并在适应数字化环境的过程中自然地适应技术及其规则。在这种适应过程中,他们形成了一种"人机结合"的技术化认知方式。

人机结合课堂教学模式提供了知识交互共享平台,为学生提供新的认知方式。学生学习过程中有交互的心理需求。当高校学生产生疑问时,就需要通过互相交流给予帮助,通过朋辈的视角互相交流感想,答疑解惑,营造交互式的学习氛围。在传统的教学模式中,由于课堂时间是有限的,很难做到在课堂中实时交流,上课的模式往往是单向输出的。而人机学习则可以提供一个知识双向交流的平台,不论是老师与学生之间还是学生与学生之间都可以通过平台交流沟通。因此,大学生可以及时得到老师的指导,也便于营造大学生协同学习的氛围。此外,人机学习具有碎片化、灵活性的特点,它不追求知识的系统性和完整性,人机结合的大学生课堂教学模式可以将传统教学的系统性和移动学习的灵活性相结合,恰到好处地使系统化学习与碎片化学习相得益彰(谢浩然等,2022)。

(执笔:彭贤杰、霍伟伟、王一昕、梁咏梅、严思远、徐心怡)

第七章
高校数据安全的风险溯源及防护体系构建

数据安全是高校的生命线,关乎高校的稳定与发展。当前,在内外部人为、技术、环境、制度等多重风险因子耦合作用下,高校数据安全面临的风险挑战越来越大。本章基于生命周期理论和风险耦合模型,面向高校数据的采集、存储、传输、加工、使用、共享、公开等全过程,从人为、技术、环境、制度等多个维度,对高校数据安全的风险进行溯源,并构建全要素耦合、全方位、全链条、全时段的高校数据安全立体化预警监测与安全防护体系。

第一节 问题的提出及文献回顾

一、问题的提出

高校数据是面向教育全过程、跨时空、多类型、全样本的数据集合,数据资源种类众多,包括数字、文本、图像、多媒体等各种结构化或半结构化的数据类型(李白杨等,2013),具有分布广、体量大、专业性强等特点,数据安全问题涉及高校数据处理流程的各个环节(陈文捷等,2016)。近年来,高校数据安全面临"孕灾环境复杂、风险因子庞杂、承灾主体脆弱、风险类型多元"的挑战,数据安全事件频发。数据安全是高校的生命线,关乎高校的稳定与发展。无论是内部人员有意或无意导致的数据泄露、篡改,还是由于黑客攻击系统漏洞而造成的数据窃取、泄露、篡改,都对学校产生了极为严重的影响。如果高校没有建立健全数据安全的风险溯源及防护体系,各类风险源在多重风险因子耦合作用下,极易诱发数据安全事件,造成无法挽回的损失。因此,深挖高校数据安全的风险源,找出高校数据安全事件的风险点,并构建数据安全防护体系至关重要。

二、文献回顾

高校数据安全的风险溯源就是分析对数据安全产生威胁的潜在风险因子。在高校数据安全的风险溯源方面,王延明等(2014)从高校信息安全所面临的共性风险因素分析入手,认为首要原因是高校在信息安全管理上缺乏健全的制度。鲍劼等(2017)从存储安全、网络安全、隐私泄露3个方面对高校面临的数据安全问题进行了研究分析。余鹏等(2018)认为高校由于业务及职能交叉管理的需要,数据来源较多,缺乏有效、统一的整合,易引起数据管理的混乱,给数据安全埋下极大的隐患。吴俊杰等(2020)将高校数据安全中长期存在、出现频率较高的风险进行归类,分析风险之间的因果关系,并提出数据安全管理部门可以根据分析结论,集中资源开展源头治理,系统性地降低数据安全风险和应急调度工作压力,提高数据资源的利用效率。

在数据安全防护体系建设方面,齐爱民(2015)主张建立健全法律机制保障数据安全,确保数据的真实性、保密性和可用性。对于共享平台中的敏感数据,Dong等(2015)提出了新的基于异构密文转换代理算法和基于虚拟机监视器的用户进程保护方法,为敏感数据安全提供保障。李馨(2016)发现高校有效管理和控制数据库可以保护敏感信息。钟志琛等(2016)以满足新技术应用需求为目标,主张分级防护,运用高新技术构建新型的数据安全协同联动防护体系。朱海龙等(2018)认为要从技术体系、组织体系、制度体系3个方面着手建立健全数据安全防御体系。刘露等(2020)从多角度分析数据治理现状,主张以数据生命周期作为主线进行数据安全治理,将数据生命周期穿透各个治理环节。刘桂锋等(2021)基于数据生命周期,从制度层、基础设施层、数据素养层和实施层4个主要层次,构建了高校数据安全的治理框架。高一乘等(2022)从平台、数据、算法3个维度并利用基础设施原则、区块链、双维监管进行数据安全综合治理。

综合学者的现有研究成果,本书基于国内外61个典型的高校数据安全事件,分析其多样化安全事件类型并进行风险溯源,同时基于数据生命周期和风险耦合模型,从高校数据的采集与归集、传输、存储、处理、共享与开放、销毁6个阶段,以及人为、技术、环境、制度等多个维度,研判高校数据安全的主要风险点,并创新性地提出高校数据安全防护体系的6S模型,构建相应的全方位、全链条、全时段的立体化预警监测与安全防护体系,系统性维护高校数据安全。

第二节　高校数据安全特征化事实分析

一、高校数据安全的事件类型多样

本书基于国内外 61 个高校数据安全事件的典型样本分析，按照数据篡改、数据假冒、数据泄露、数据窃取、数据误用和数据丢失 6 种事件类型，从地点分布、主要风险因子、主要风险来源进行统计（见表 7-1）。

表 7-1　高校数据安全典型事件类型及主要风险描述性统计

事件类型	数量	地点分布		主要风险因子（多因子）				主要风险来源	
		国内	国外	人为	技术	环境	制度	内部	外部
数据篡改	11	4	7	11	4	4	7	8	3
数据假冒	7	7	0	7	0	0	7	7	7
数据泄露	11	5	6	10	8	4	5	11	5
数据窃取	21	10	11	21	14	7	7	10	21
数据误用	2	2	0	2	0	0	2	2	0
数据丢失	9	7	2	7	7	7	7	7	8
合计（个）	61	35	26	58	33	22	35	45	44
占比（%）	100	57.4	42.6	95.1	54.1	36.1	57.4	73.8	72.1

（一）数据篡改事件

数据篡改事件是指在未经授权的情况下，将高校信息系统中的数据更换为攻击者所提供的数据而导致的数据安全事件。在人为（如未经授权恶意篡改）、技术（黑客攻击）、环境（软硬件环境漏洞）、制度（数据安全等级保护制度）等风险因子的内、外因源耦合作用下，高校数据篡改事件频频发生。表 7-1 显示，11 个数据篡改事件样本中，由人为、技术、环境、制度因子引起的事件占比分别为

100%、36.3%、36.3%、63.6%,其中来自内部的风险为72.7%,来自外部的风险为27.3%。

(二) 数据假冒事件

数据假冒事件是指在人为因素(未经授权)和制度因素(存在监管漏洞)影响下,假冒他人收发数据而导致的数据安全事件。不法分子通过手机短信、电子邮件等方式发送诈骗链接,诱导用户输入个人敏感信息。表7-1显示,7个数据假冒事件样本中,由人为、制度因子引起的事件占比均为100%,其中来自内部的风险为100%,来自外部的风险为100%。

(三) 数据泄露事件

数据泄露事件是指由于员工误操作、黑客攻击等人为因素,以及软硬件缺陷技术因素导致高校数据泄露事件。表7-1显示,11个数据泄露事件样本中,由人为、技术、环境、制度因子引起的事件分别为90.9%、72.7%、36.3%、45.5%,其中来自内部的风险为100%,来自外部的风险为45.5%。

(四) 数据窃取事件

数据窃取事件是指在恶意窃取的人为因子和系统本身漏洞的技术因子双重作用下,数据窃取者未经授权而利用可能的技术手段恶意主动获取信息系统中的数据而导致的数据安全事件。表7-1显示,21个数据窃取事件样本中,由人为、技术、制度、环境因子引起的事件占比分别为100%、66.7%、33.3%、33.3%,其中来自内部的风险为47.6%,来自外部的风险为100%。

(五) 数据误用事件

高校数据误用事件是指未经授权、数据分类错误将数据过度使用或商用而导致的数据安全事件。数据管理者由于将数据敏感级、重要级分类错误,以至处理数据超出了规定的使用范围。表7-1显示,2个数据误用事件样本中,由人为、制度因子引起的事件占比均为100%,来自内部的风险为100%,来自外部的风险为0%。

(六) 数据丢失事件

数据丢失事件是指人为因素(误操作、蓄意丢失、黑客攻击)、技术因素(软硬件缺陷)和环境因素(灾难灾害、突发公共事件)导致信息系统中数据丢失的数据安全事件。表 7-1 显示，9 个数据丢失事件样本中，由人为、技术、环境、制度因子引起的事件占比均为 77.8%，其中来自内部的风险为 77.8%，来自外部的风险源为 88.9%。

二、高校数据安全的风险溯源

本书基于 61 个典型样本，尝试建立 6S 模型，分析影响高校数据安全的主要因素。6S 模型包含数据安全战略(strategy)、数据安全价值观(shared value)、数据安全制度(system)、数据安全管理人员(staff)、数据安全管理技能(skills)、软硬件环境(software & hardware)6 个维度。

(一) 数据安全战略的缺失

从 61 个典型样本看，高校数据管理重点考虑其实用性、便捷性、高效性等，部门分割、条块分割导致数据"孤岛"现象突出，对于数据安全管理缺乏学校层面的统筹规划，没有形成系统化的数据安全管理战略体系。高校数据安全管理涉及师生全员、内外全系统、教研全过程、数据全流程，其中人才培养、科学研究、师资队伍、国际合作交流、后勤保障等相关职能部门主要负责自身功能业务范围内的数据采集和应用，数据统计部门主要负责学校数据统计和报送，信息技术部门主要负责学校信息系统的技术支持以及对系统漏洞、病毒和网络攻击等技术层面的安全管理，高校没有从数据安全战略层面予以高度重视。

(二) 数据安全价值观共识的缺失

61 个典型样本中，95.1% 的高校数据安全事件发生，是因为没有在全校范围内形成"数据是高校的生命线"这一数据安全价值观共识。具体表现为：一是高校师生员工数据安全意识淡薄，缺乏基本的数据安全素养和风险防范意识。二是数据安全宣传教育没有实现全覆盖，缺乏面向全校师生员工的数据安全事件警示教育。三是数据安全教育形式单一，缺乏沉浸式的数据安全教育。四是数据采集、存储、使用、共享、销毁等数据管理行为具有随意性，未能培养师生良好的数据安全习惯。

(三) 数据安全制度的缺陷

61 个典型样本中，57.4% 的高校数据安全事件是由于高校缺乏体系化的数据安全制度而导致的。具体表现为：一是数据安全管理制度体系不健全、落实不到位。当前高校对数据安全管理工作大多采取各职能部门分块管理的制度，各职能部门主体责任不明、管理交叉重叠，导致制度不兼容、标准不统一、落实不到位、执行低效率。二是高校数据量急剧增加，数据采集、存储、加工等设备也急剧增加并快速迭代升级，高校缺乏全覆盖、体系化的数据设备安全管理制度，致使潜在的事故难以察觉。三是高校数据包含大量的个人信息、教务数据和科研数据，数据安全问题涉及部门、人员和技术设备众多，如果管控机制有缺陷，未形成数据安全制度体系，容易引发数据安全风险。

（四）安全管理队伍的缺陷

61个典型样本分析结果显示，高校数据安全管理队伍存在配备不足、专业化不强等缺陷。具体表现为：一是数据安全管理队伍配备不足，不能满足数据安全防护的需要，发生数据安全风险不能及时解决，导致风险因子不断叠加，继而威胁高校数据安全。二是缺乏一支数字化素养好、数据安全意识强、安全管理技术扎实的专业化核心力量，大部分数据安全管理员工身兼数职，除了本职工作外，还承担教学和科研等工作，精力分散，无法聚焦数据安全管理工作。

（五）安全管理技能的缺陷

分析61个典型样本发现，54.1%的数据安全事件是由安全管理技能（技术）的缺陷引起的。具体表现为：一是缺乏综合利用人工智能、大数据、区块链等技术对高校数据安全进行自动化、智能化分析的手段，导致数据安全的风险隐患排查不及时、风险等级识别精度不高、应急响应时间长等问题。二是缺乏对高校数据生命周期全过程的安全风险的预警监测和防范技术支持体系，尤其缺乏对重点领域、重点群体、重点时空节点的风险在线监测预警技术，导致数据安全问题"小事拖大、大事拖炸"。

（六）软硬件环境的缺陷

61个典型样本中，36.1%的高校数据安全事件是由于高校数据安全设备的软硬件环境存在缺陷而导致的。典型表现为：一是由于资金短缺，智慧校园建设处于滞后状态，相关软硬件设备不齐全，不能及时迭代升级以抵御数据安全风险能力弱。二是数据安全管理设备软件存在系统漏洞，系统中未安装专业防病毒软件,防御能力低,容易被不法分子利用侵入和破坏。三是高校数据保密性较强,对于重要的数据安全管理设备缺乏局域网设置,如果相关人员浏览风险较高的网站或访问无关的信息网站,系统容易遭受病毒或木马程序攻击。

第三节　高校数据安全风险点研判

高校数据安全风险指数据在数据主体交互、数据流转、数据成果转化等诸多活动过程中,因受外界环境威胁从而导致数据的内部结构及功能受到损伤,进而可能使高校数据的原有正常发展受到损害与威胁(石江瀚等,2022)。从数据生命周期看,高校数据流要经过采集与归集、传输、存储、处理、共享与开放、销毁6个阶段,各个阶段都有潜在的风险点(见图7-1)。

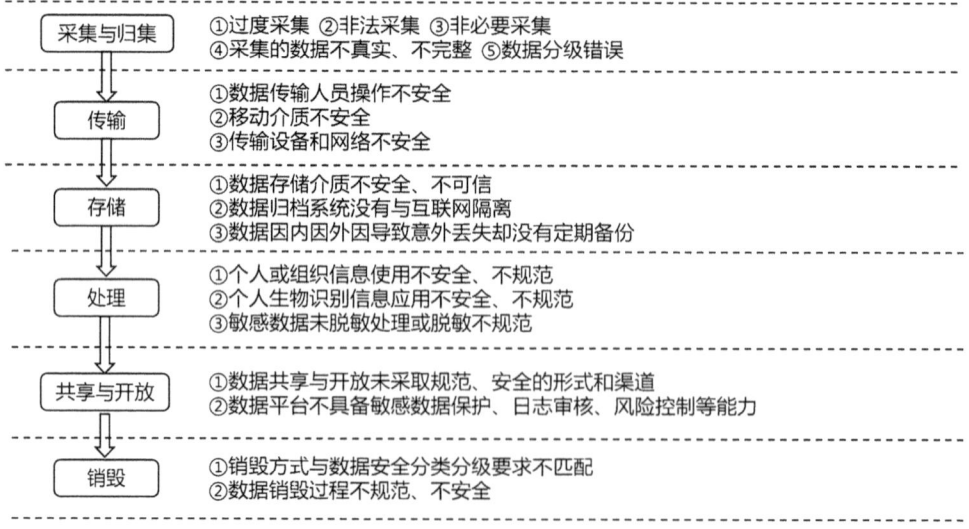

图7-1　基于数据生命周期的高校数据安全主要风险点

一、数据采集与归集阶段:人为因子、制度因子耦合

在数据采集与归集阶段,由人为因子、制度因子耦合而成的风险点主要有:数据采集与归集的范围权限不明确,导致数据过度采集、非法采集、非必要采集;受数据采集业务能力的限制,导致采集的数据不真实、不完整,以及数据分级错

误等。这个阶段，人为因子是最大隐患及薄弱环节。

二、数据传输阶段：以软硬件设备的环境因子为主

在数据传输阶段，由软硬件设备等环境因子引发的风险点主要有：传输操作不安全、移动介质不安全、传输设备和网络不安全等。万物互联背景下，各种信息传感设备与互联网结合形成一个巨大网络，可以实现超越时空间界限的人、机、物的互联互通，大量的数据不断产生并被记录，高校数据安全由"防边界"转为"无边界"。

三、数据存储阶段：以软硬件设备的环境因子为主

在数据存储阶段，由软硬件设备等环境因子引发的风险点主要有：数据存储介质不安全、不可信易引发数据泄露或被窃取等风险；数据归档系统没有与互联网隔离导致数据泄露、数据窃取事件；数据没有定期备份，一旦遭遇人为破坏、软硬件故障、灾难灾害和突发事件等，容易导致数据丢失。

四、数据处理阶段：人为、制度和技术等多因子耦合

在数据处理阶段，由人为、制度和技术等多因子耦合而导致的风险点主要有：师生员工个人或组织机构的信息使用不安全、不规范，师生员工个人生物识别信息应用不安全、不规范，敏感数据未脱敏处理或脱敏不规范等。

五、数据共享与开放阶段：内外部的人为、制度、技术、环境多因子耦合

在数据共享及开放阶段，由内外部的人为因子、制度因子、技术因子、环境因子等耦合形成的风险点主要有：数据共享与开放平台不规范、不安全，平台不具备良好的数据脱敏能力，或者脱敏不规范等，都容易出现数据泄露、窃取、冒用等事件。

六、数据销毁阶段：人为因子、制度因子耦合

在数据销毁阶段，由人为因子、制度因子耦合形成的风险点主要有：未采用相应的数据分类分级销毁方式，数据销毁过程不规范处理等。计算机或设备在弃置、转售或捐赠前，必须将其所有数据彻底删除且无法复原，以免发生数据信息泄露事件。在数据销毁时，如果采取删除、格式化硬盘、文件粉碎等办法来销毁数据，会出现数据销毁不完全而导致数据泄露。销毁阶段的数据安全事件相对较少。

第四节　高校数据安全防护体系的构建

一、全要素耦合的数据安全防护体系制度框架设计

高校数据安全防护体系的关键是制度框架体系,亟待构建全要素耦合的数据安全防护体系。这个体系由数据安全战略规划体系、数据安全管理队伍体系、软硬件技术支持体系、政策法规标准体系、风险预警监测体系、宣传教育培训体系6个子系统耦合而成,并结合智慧校园建设的迭代升级逐步完善由感知层、网络层、平台层、应用层4个框架组成,基于大数据,三网融合,全要素耦合,预警应急一体化的高校数据安全防护体系框架,实现时间可持续、空间无盲区、领域全覆盖、技术前沿化、流程无梗阻、治理全员化、机制全过程(见图7-2)。

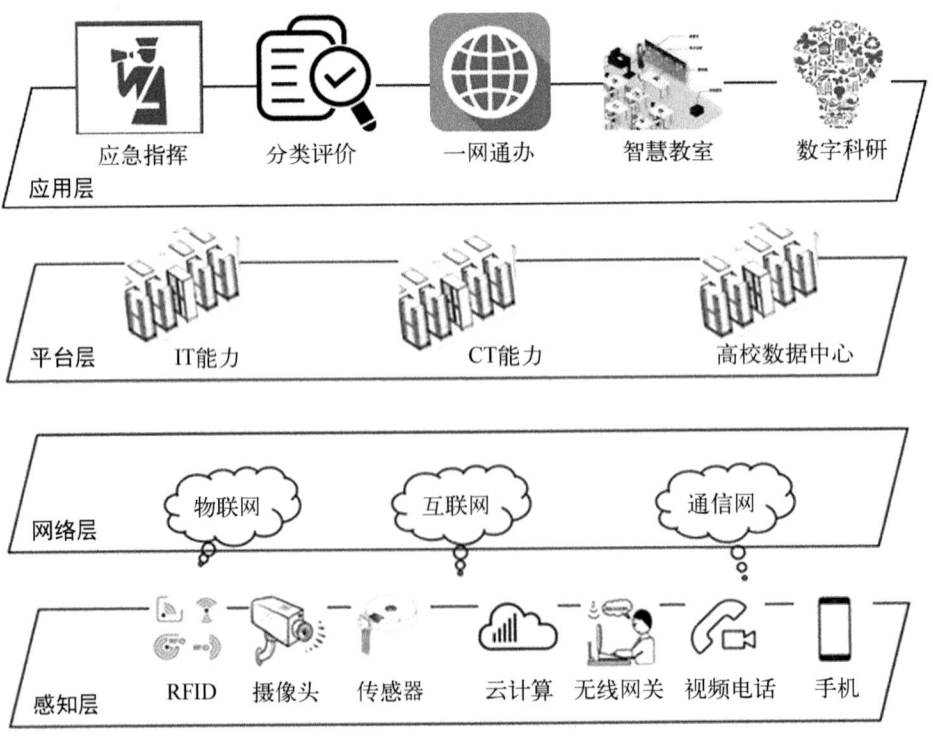

图7-2　高校数据安全防护体系框架示意图

二、全方位统筹的数据安全战略体系构建

成立由决策层、协调层、执行层构成的高校数据安全战略委员会，其中高校党政领导牵头的数据安全领导小组是数据安全战略体系的决策层，负责高校数据安全的统筹谋划；领导小组下设办公室是高校数据安全管理的协调层，协调全校的数据安全工作；各职能部门、各学院（系所）是数据安全的执行层，负责本部门数据安全工作。数据安全战略委员会的管理职能主要分为日常运行和应急管理两个方面，按照"平时预警、急时应急"原则，在平时主要发挥数据安全潜在风险的监测监控、预警预报、专业咨询、安全教育和业务指导作用；一旦数据安全事件爆发，数据安全战略委员会立即转为应对有关危机事件的具体指挥与协调机构，发挥指挥、协调、调配、重建规划等应急管理作用，制定危机应对方案、确定责任清单、启动应急预案，并协调各相关部门的应急处置，针对发生的危机事件调配资源，突发事件处理完后要在重建方面发挥协调有关部门的核心作用。

三、师生全覆盖的数据安全共同价值观全面型塑

加强高校数据主体用户的数据安全教育，共同谱写数据安全"五线谱"：一是在全校范围内宣传高校数据安全的重要性和紧迫感，型塑"数据安全是高校生命线"的共同价值观；二是定期向全体用户宣讲数据安全的法律法规和规范性文件，划定学校数据安全的标准线；三是引导师生自觉遵守有关数据安全的法律法规和规范，避免触碰数据安全的高压线；四是引导数据用户培养规范的数据运用行为，不越过数据安全事件发生的警戒线；五是增强师生数据风险的防范意识，共同守护大数据时代数据作为"石油资产"的安全线。

四、全流程负责的数据安全管理员队伍建设

设立首席数据安全官岗位，遵循"谁主管、谁负责，谁使用、谁负责"的数据安全分级管理原则，由首席数据安全官牵头组建一支数字化素养好、数据安全意识强、安全管理技术扎实的矩阵制高校数据安全管理核心队伍，建立"预警—管控—整改"机制，全面负责高校数据安全的风险事前预警、事中管控、事后整改，共同维护高校数据安全。加强高校数据安全管理队伍的培训，逐步提高大数据背景下数据安全队伍核心成员的安全防范意识和风险责任意识，增强数据安全管理队伍的风险溯源能力、风险点研判能力和安全管理的执行能力，切实维护网

络安全。

五、全生命周期的数据安全管理技能精准赋能

针对数据安全风险具有快速、隐蔽、破坏性大的特点,要提高数据安全系数,提高管理精准度,实行智能化管理:一是利用人工智能、大数据等技术对高校数据安全进行自动化、智能化分析,提高智能化管理的精准度,缩短响应时间,降低管理成本,减少对数据安全管理人员的技术、知识、经验的依赖,以其精准度实现管理的高效性;二是对高校数据生命周期全过程进行监测监控,密切关注高校数据安全重点领域、重点群体、重点时空节点的动态,对风险生命周期各阶段的警源、警兆、警情进行预测预警预报,并根据风险等级启动应急响应预案,从而最大限度地降低数据破坏给高校带来的损失。

六、全时段整合的软硬件环境迭代升级

随着智慧校园建设的迭代升级,高校信息化的软硬件环境出现代际鸿沟,孕灾环境非常复杂,因此要对感知层、网络层、平台层、应用层进行全时段全流程的软硬件环境迭代升级。感知层的主要环节有数据采集与归集,需要部署全天候视频监控记录手段以及待采集/归集数据的加密技术;网络层的主要环节有数据传输、数据共享与开放,需要部署数据交换监控技术、闲暇交互数据加密脱敏技术;平台层的主要环节有数据归集、数据存储,需要部署全天候视频监控记录手段以及归集数据的加密技术;应用层的主要环节包括数据采集与归集、数据传输、数据存储、数据处理、数据共享与开放、数据销毁全流程,需要部署全流程的数据交换监控技术、加密技术、脱敏技术。

(执笔:陈秋玲、狄子龙、周炜、石婵娟)

第八章
大数据赋能高校高质量发展的上海大学样本

上海大学是上海市属的综合性研究型大学,是教育部与上海市人民政府共建高校,是国家"211工程"重点建设高校、上海市高水平地方大学建设高校,是国家"双一流"建设高校。随着大数据、云计算、人工智能等现代信息技术的迅猛发展,以数字化、网络化、智能化为特征的新一代信息技术有力驱动经济社会转型。上海大学以智慧校园建设为基础,完成四校区环状光缆互联,推进基于IPv6的校园物联网、四中心融合和5G校园建设,打造一站式服务中心,加快业务流程优化再造,推动上海大学数字化转型向更深层次、更宽领域、更高水平发展。

上海大学坚持数据驱动、融合创新、系统推进等数字化转型理念,以贯彻落实《深化新时代教育评价改革总体方案》为抓手,聚焦教育治理能力全面提升、新技术与教学深入融合、智慧学习支持环境建设、数字教育资源有效供给、师生信息素养整体提高等重点问题和关键环节,大力开展业务大系统建设、数据治理、一网通办和一网统管实施,逐步推进AI+教育人工智能应用场景建设,分步推进学科智能计算服务共享平台建设,充分释放数字化蕴含的巨大能量,以数字维度全方位赋能上海大学迭代进化、加速创新,实现学校智慧教育、整体智治、高效协同。

第一节 数字化转型背景

高等教育数字化将深刻改变人才需求和教育形态。在促进教与学方式转变的同时,对推动教育理念更新、模式变革、体系重构,破解教育新发展阶段面临的主要矛盾,支撑教育改革和创新具有十分重要的意义。

一、重塑教育新生态

数字化与教育教学相结合,打破了传统教育体系的生态平衡。面向新的人才培养需求,以育人为中心,更加注重教育的个性化和多元化,通过构建以数字化为引领、以学习者为中心的全新教育生态,支持时时、处处可学习,实现更加开放、更加人本、更加可持续的教育,促进人的全面发展。

二、构建教育新模式

发挥新技术优势,将大数据、人工智能、5G等技术创新性地应用于教育全过程,突破时间与空间的约束,构建泛在化、智能化学习体系,满足全时域、全空域、全受众的智能学习新要求,加快推动人才培养模式、教学方法改革。构建教育评价新范式,通过数字化、智能化的评价系统赋能"改进结果评价、强化过程评价、探索增值评价、健全综合评价",实现学生学习全过程纵向评价和德智体美劳全要素横向评价。

三、形成治理新格局

充分利用数字化对教育管理、决策和服务的支撑能力,加快大数据部署,利用大数据、人工智能等技术手段,充分发掘和释放数据资源的潜在价值,以海量保证信息的完备性,以关联分析挖掘数据隐含的规律性,以预测能力提升决策的科学性。对学校事业发展状况进行实时监测和评估,全面诊断学校发展状况,快速聚焦发展过程中的核心问题和关键环节,有效缩短决策响应周期,大力提升决策的科学性,从而把握全局、预防风险、推动改革,促进学校治理能力现代化。

四、提出素养新要求

数字化时代对信息素养提出了较高的要求,需要具备运用数据思维对信息进行获取、加工、管理、表达与交流的能力。这就要求教师更新观念、重塑角色、提升能力,并加强对学生课内外一体化的信息技术知识、技能、应用能力的培育,使之具备良好的信息素养,适应数字化、网络化、智能化社会的发展要求。

综上,第四次工业革命背景下高等教育的变革为高校数字化转型提供了推动力,而高校从规模扩张到内涵提升的转变为数字化转型提供了内驱力。因此,以数字化转型整体驱动上海大学教育教学和治理方式变革,是顺应新趋势、把握新机遇、开创新局面的必然选择,也是上海大学实现内涵式发展题中应有之义。

第二节 打造数字化转型支撑体系

"如何建设适合高等教育数字化转型的支撑体系"是高校数字化转型需要首先考虑的问题。上海大学通过打造数据治理组织体系、数据治理制度体系、数据标准体系、评价指标体系、数据运维体系五大数字化转型支撑体系,在更广范围、更深程度、更高水平上提升数字化水平,推动学校高质量内涵式发展。

一、健全数据治理组织体系

组织变革是数字化转型的首要任务。将数字化转型纳入学校"十四五"发展规划和上海大学落实《深化新时代教育评价改革总体方案》工作方案中,成立由学校党委书记和校长担任双组长的学校数字化转型工作领导小组,由分管校领导担任组长,各职能部门、学院负责人担任组员的工作组,以及各具体专项实施项目组。

二、完善数据治理制度体系

根据部门业务职能和数据业务属性,遵循"一数一源"的原则,梳理确定每一类数据的唯一权威来源。研究制定数据标准、主数据、元数据、数据质量、数据安全等相关制度规范,实现数据规范共享和高效应用。

三、建立健全数据标准体系

形成系列化数据标准、接口规范、调用规则等,保障数据的唯一性、完整性、准确性和一致性,实现内部业务系统数据与外部公共数据的高度融合,为数据交换、数据共享和业务协同提供坚实基础。

四、构建多维度评价指标体系

面向不同的应用场景建立起多种描述统计指标体系、评价统计指标体系和预警统计指标体系,为多维分析、评价考核、预警预测、数据可视化等提供支撑。

五、完善数据运维体系

良好的运维体系是保障数据中台得以健康、持续、高效运转的前提。通过规范平台运营流程、提升数据治理效能、强化数据质量监督、完善数据资产建设等措施不断迭代、优化系统，建立起覆盖全生命周期的数据运维体系，让数据更好用、用得更好。

第三节　建设大数据综合管理及可视化平台

一、建设目标

上海大学大数据综合管理及可视化平台以需求、问题、效果为导向，聚焦关键应用场景，通过技术融合、业务融合、数据融合，整合学校教学、科研、学生工作、人事、财务、招生、就业、基建、后勤、资产、国际合作等业务系统，建立起一个集数据归集、存储、交换、共享、治理、分析、应用等功能于一体的，资源整合、深度应用、开放扩展、高度共享、保障安全的校级综合管理及可视化平台，实现对全校多维度教育数据的精准梳理和集中管理；基于各类应用场景，建立各类主题数据仓库，形成学校数据资产，为学校数据治理、数据分析和可视化展示提供一体化平台支撑。平台建成后，可实现以下目标：

（一）数据标准体系更加健全

形成系列化数据标准、接口规范、调用规则等，保障数据的唯一性、完整性、准确性和一致性，为数据交换、共享和业务协同提供坚实基础。

（二）数据治理流程更加完善

标准化规范贯穿平台的全生命周期，无论是对平台数据的交换、存储、资产化和服务化，还是对数据的共享，以及在共享过程中所涉及的管理流程，都起到指导作用。制定一系列管理制度与流程，实现数据规范共享和高效应用。

（三）教育数字底座更加夯实

平台围绕数据协同、技术协同、业务协同，汇聚教学、科研、管理、生活等多源异构数据,实现学校外部数据与内部数据、内部业务系统间数据的高度融合共享,形成学校关键核心数据的标准数据仓储,为对学校发展关键指标进行横向和纵向分析以及开展教育教学、管理决策、内部评价等方面创新应用提供高质量数据及一体化服务支撑。同时通过数据资产建设对历史沉淀的业务数据进行分类,形成具有上海大学特色的数据资产体系。

(四) 数据多维分析更加深入

通过平台破解原有主数据中心对数据处理能力不足、难以满足多样化分析需求的问题。充分利用数理统计、数据挖掘、机器学习、人工智能等多种技术手段,实现对数据的深入挖掘,实现多个层次的统计分析和研判预测,为决策提供意见建议并辅助决策者针对风险及时作出预警、采取应对措施。

(五) 数据可视化展示更加多样

以数据驾驶舱的形式建成指标分析及决策场景落地的"一站式"决策支持环境,通过各种常见的图表方式对学校运行的状态信息进行动态展示,并支持对异常关键指标进行预警和挖掘分析。

二、建设内容

(一) 数据中台

1. 数据汇聚整合

根据选取的应用场景,汇聚整合、清洗加工、存储共享当前分散存放在校内各业务系统内的基础数据,建立一个集数据归集、存储、交换、共享、治理、分析、应用等功能于一体的统一数据平台,实现对全校多维度教育数据的精准梳理和集中管理。

2. 数据资产建设

在全面整合数据的基础上,基于各类应用场景,建立、完善各种数据集市,形成面向应用、集成化的数据集合,建立健全各类主题数据资产,支撑快速数据服务能力。

3. 数据标准制定与管理

一是以国家标准、行业标准以及学校实际执行标准为依据,对学校关键核心数据(如教师、学生、科研、教学、资产等)的命名、数据类型、长度、业务含义、计算口径、归属部门等制定一套统一的规范,最终形成系列化数据标准、接口规范、调用规则,保障数据的唯一性、完整性、准确性和一致性,实现业务系统数据、机器数据及公共数据的高效融合。二是提供数据标准管理功能,支持对数据标准进行修订、更新、审核、发布和对不同标准进行转换和映射。

4. 指标体系建立及管理

面向不同的应用场景(如院系分析、学科分析、绩效考核、教育数据填报等),支持自定义及管理各类描述指标体系、评价指标体系和预警指标体系,包括指标权重设定等,为多维分析、评价考核、预警预测、数据可视化等提供支撑。

(二) 机构分析

以学校为对象,从学校整体层面对各类办学条件、发展状况进行综合态势分析和展示,包括机构发展分析和校际对标分析,一站式支撑校级层面发展规划、管理决策所需的数据和分析需求。机构发展分析按照自定的指标体系,梳理分析学校发展相关的包括人才培养、科学研究、师资队伍、成果获奖、国际化等各类办学指标,结合可视化数据图表,精准分析定位当下综合实力、优势、短板以及历年的发展变化趋势;校际对标分析则是通过自定义的评价指标体系,与对标高校进行办学条件与办学成效等方面的多维度对比分析,精确诊断学校的发展状况,明确本校与标杆高校发展优劣势,助力学校有的放矢精准施策。

(三) 院系分析

以院系为对象,通过构建覆盖师资队伍、教学资源、科学研究、支撑平台、社会服务、成果获奖等多维度的指标体系,对院系的发展动态进行横向和纵向的跟踪监测与对比分析,帮助院系客观评价自身建设水平、精准发现短板弱项,同时助力学校进一步优化资源配置,提升科学决策水平。

(四) 学科分析

以学科为对象,在对学校的学科布局、学科点设置等学科相关数据进行汇总统计、分析、展示的基础上,对各个学科(特别是"十四五"期间重点建设的"5+5"学科领域),通过构建覆盖师资队伍、教学资源、科学研究、支撑平台、社会服务、成果获奖等多维度的指标体系,进行统计、分析、对比和展示,帮助学科及时掌握发展水平、结构特征与发展态势,找准薄弱环节,制定有针对性的改进措施。

(五) 教师团队分析

以教师个人和教师团队为对象,通过构建覆盖师德师风、教育教学、学生工作、科学研究、成果获奖等多维度的指标体系,进行对标分析和多维度展示。教师可按工号、出生年月、职称、学历、所属学院、所属一级学科等多种属性进行组合筛选;团队可按自定义的方式进行增添、修改、删除等操作。

(六) 关键绩效考核

以学校二级部门为对象,面向战略制定、调整和执行,围绕战略管理不同阶段(战略制定、沟通与执行、评估与激励、调整与反馈)设计,提供学校战略描述、分解、执行及监控等功能。主要实现3个功能:一是战略相关方的信息共享及沟通交流,构建目标分解与管理体系;二是反映内外部环境和学校绩效水平的变化;三是为绩效评估与考核提供业务支持。

(七) 教育数据填报

根据平台已有数据,支持对高基报表、"双一流"学科动态监测、上海市高校分类评价、各类大学排名等填报类数据的自动提取、整合、导出等;对于数据中台中没有的数据,可通过自定义填报模块生成、发布填报方案,支持对数据填报的多角色进行分级授权管理。同时对保存的历年数据形成专用的标准数据仓储,并支持横向、纵向对比分析。

(八) 分析报告

平台提供多维度多角度的指标及定制配置工具,用户可结合特定应用场景,根据选择的指标类型、时间跨度或对标高校、对标学科,一键生成分析报告。

(九) 管理决策驾驶舱

以可视化图表形式对关键核心数据指标进行动态监测显示,如教师、学生数量及结构,校园占地面积、建筑面积,科研项目、经费总量及变化趋势等,并支持图表之间的联动及放大、钻取、导出、切换图形,可依据不同角色权限显示不同主题。

三、建设成效[①]

随着数字化转型不断深入,上海大学数字"基座"不断夯实,"数治"治理能力和效能不断增强。2019年,上海大学"AI+教育"获批上海市经信委发布的第二批19个人工智能试点应用场景之一;2021年,入选教育部人工智能助推教师队伍建设试点单位,被上海市教委、市经信委和市通管局联合推荐到教育部和工信部作为5G+智慧教育应用(综合类)场景建设单位之一;2022年,入选中央网信办等12个部委认定的IPv6技术创新和融合应用试点单位。

通过构建大数据综合管理及可视化平台,为学校—院系—学科发展评估、教师学生评价、关键绩效考核、教育数据填报等提供数据支撑,进一步促进了学校教学、科研、管理的深度融合;聚焦学校分类评价、师生"一人一档"数据仓库、学生个人数字画像、学科团队教师评价"一键出绩效"等典型应用场景,建立数据分析模型,实现学校、院系、团队及个人四级数据动态展示和发展评价;深化数据分析的深度和广度,基于学校、院系、学科等领域数据分析成果和监控预警数据,构建决策管理驾驶舱,进一步支撑学校的整体智治和高效协同。

(一)打通数据"孤岛",创新培养模式

通过构建全生命周期数字化模型,把人才培养生命周期中涉及的全方位校内外数据进行整合和治理,打造全新的数字化培养和管理模式,实现实体教学空间和数字学习空间融合互补。将学生培养全过程、职业发展以及社会服务需要全面结合,拆除学校与社会之间的墙以及教与学之间的墙,促进人才需求大数据赋能创新人才培养模式改革、人才培养过程大数据赋能社会发展需要,支撑学校更加精准地服务国家战略,为上海经济社会发展提供更加合适的人才。

(二)数字赋能科研,提升创新能力

坚持科研和学科发展评价数字化理念,基于科学研究过程、结果和学科发展数据,构建以科研资源数字化、科研过程数字化、科研结果数字化为基础的高质量科研评价体系,进一步引导和推动学科发展和转型,实现大数据在学科优化布

[①] 2021年12月,周炜、顾爱军牵头撰写并报送的"以大数据赋能打造学校'数治'新范式"案例,于2022年1月获批2021年上海市教育评价改革优秀案例,《上海教育》于2022年10月进行了专题报道。

局、学位点建设以及研究生教育质量控制体系方面的具体应用。拆除学科之间的墙，拆除教学与科研之间的墙，以共享的模式促进学科交叉，促进科研信息发布，促进协同创新团队建设。

(三) 改进教师评价，激发内生动力

利用大数据等数字技术赋能教师科研评价。一是建立教师个人发展数字画像。通过对教师发展数据的集成、应用和分析，建立长周期、跨场域、多维度的教师画像，从而实现对论文著作、科研项目和科研经费、教育教学情况的动态分析和展示；在此基础上，对教师进行遴选和归类，实现对学科团队和二级学院科研经费年度趋势、月度趋势、科研项目动态分析和可视化，为学校、学院决策和个人发展提供数据支撑。二是构建教师"一键出绩效评价"分类评价指标。为了对教师个人和学科团队的绩效进行科学、客观和高效的评价，整合学校相关业务系统（如本科研究生教务平台、文理科研统一平台、人事系统平台）数据，通过自动采集或认领模式，教师年度考核可实现本科教学和指导教分、本科课外指导教分、研究生指导及课程教分、理工科研成果教分、人文社科科研成果教分、科研会议教分 6 大类、21 项指标功能的全过程梳理和数据整合，实现了"一键出绩效"的目标。

(四) 健全学生评价，提高培养质量

基于数据驱动的教育创新是智能时代的教育区别传统教育的重要特征。利用教育大数据全程采集、记录、分析学生的学习全过程，融合校园各类学术和社团活动、图书馆阅读、体育馆活动、共享空间互动等信息，构建学生 3D 属性模式，即"人人有网格、人人有组织、人人有身份"的三维数据属性模型，从而改变以往以考试成绩为单一指标的评价模式，实现对学生学习情况的全过程纵向评价和"德智体美劳"的全要素横向评价，从而构建以学习者为中心的教育生态，促进包括表现性评价等过程性评价与终结性评价的有机融合。

(五) 创新应用场景，拓展服务空间

全面推进大数据创新应用，围绕师生急难愁盼问题，加强数据共享、流程再造，深度挖掘数据价值。学校通过线上智能流程中心一网通办延伸，建设了多校区线下一站式共享服务大厅。形成网上办理体验区、无人自助终端、智能自提柜等自助服务创新模式,实现了线上业务预约办理、电子印章流程化管理、跨校区视频面对面办理等功能。自助打印设备提供19种带有电子印章的各类证明材料,证明材料上的二维码提供扫码验真功能,大大提升了师生满意度。

上海大学大数据综合管理及可视化平台的建设实现了"一站解孤岛、一屏观全局、一键出报告、一察知内外"的功能目标。

(执笔:周炜、顾爱军)

第九章
大数据赋能高校高质量发展的企业案例

面向我国高等教育数字化要求,本章重点介绍在信息技术与高校学科建设及教学过程管理业务深度融合方面的企业服务案例,围绕"数据资源＋数据治理＋软件开发＋咨询服务"一体的整体解决方案,从高等教育数据治理、学科建设、科教成果统计分析、大学生全过程培养管理等领域展开阐述,旨在通过案例介绍为国内高校学科建设水平和人才培养水平提升抛砖引玉。

第一节 Z企业教育数字化业务概述

Z企业是一家集数字出版、增值服务、互联网服务于一体的综合型高科技企业。基于多元创新的管理、服务及合作共赢模式,该企业网站访问量屡居全球科教类网站前三名,并多次获得"国家文化出口重点企业""中国出版政府奖"等国家、省部级奖项。

在教育数字化转型的时代背景下,Z企业以"服务科技创新、促进学术传播、承担社会责任"为新定位。面向高等教育数字化需求,该企业将数智技术与高校的学科建设及教学过程管理信息化业务深度融合,在高等教育数据治理、学科建设、科教成果统计分析、大学生全过程培养管理等领域,以"数据资源＋数据加工＋软件开发＋咨询服务"一体化的专业服务,为高校提供基于精细化数据驱动的信息化服务平台,助力高等院校治理的提质增效,支撑"双一流""双高"建设和高校毕业生精准就业,赋能中国式高等教育现代化。

高等教育数据治理主要是通过搭建多元多维数据集中管理的教育数据中台,构建高校教育数据治理体系,推动杂乱分散的数据向集成化、规范化、标准化、精细化转变，提高教育数据治理水平，促进学科建设、科教成果、教育教学数据一体化管理，支撑高校决策服务，助力高校管理信息化向服务智能化转变和教育数字化转型。

学科建设服务旨在通过对本校学科数据的精细化梳理，及时了解本校学科建设的进展、现状和趋势，并通过对标分析实现全面摸底、知己知彼的目标，不断推进先进数字化、智能化技术与学科建设业务融合，提高学科建设资源分配的科学性，进而提升业务部门管理水平和工作效能。加速学科建设进程，助力一流学科建设目标早日实现。

科教成果统计分析将从学校、学院、学者3个层面对学校多年来的成果进行再组织、再呈现，以多角度的统计分析和多元化的可视化展示，实现科研、教学成果的进一步传播与共享，推进学术合作与交流。

大学生全过程培养管理旨在为学校提供学生从入学到毕业，围绕课程学习、实习实践、毕业设计指导、论文送审管理、就业辅导等环节全流程的管理服务，充分挖掘上述流程中教与学的过程质量数据，辅助学校开展教学质量监测与分析，全面助力高质量人才培养。

第二节　国家政策和高校现状

一、国家政策

2015年，国家主席习近平在致国际教育信息化大会的贺信中指出，"推动教育变革和创新，构建网络化、数字化、个性化、终身化的教育体系……是人类共同面临的重大课题"。2021年7月，教育部等六部门印发的《关于推进教育新型基础设施建设构建高质量教育支撑体系的指导意见》提出，"深入应用5G、人工智能、大数据、云计算、区块链等新一代信息技术，充分发挥数据作为新型生产要素的作用，推动教育数字转型"。2022年10月，党的二十大报告提出，"加快建设高质量教育体系"，"深化教育领域综合改革，加强教材建设和管理，完善学校管理和教育评价体系"，"推进教育数字化"。2023年5月，习近平总书记在中共中央政治局第五次集体学习时强调，教育数字化是我国开辟教育发展新赛道和塑造教育发展新优势的重要突破口，要进一步推进数字教育，为个性化学习、终身学习、扩大优质教育资源覆盖面和教育现代化提供有效支撑。

为积极推进"互联网＋教育"发展，促进信息技术与教育教学深度融合，教育部2012年发布了《教育信息化十年发展规划（2011—2020年）》，2016年发布了《教育信息化"十三五"规划》，2018年发布了《教育信息化2.0行动计划》。作为具有时代标志性的重要政策文件，从首次对我国教育信息化的发展作出长期战略规划，到对"互联网＋"大环境下教育信息化的成效与问题的阶段性总结与目标厘清，再到推进教育信息化向2.0时代转型升级，不停地探索一条适应我国教育发展的信息化之路。随后，2019年国务院印发《中国教育现代化2035》，作为教育现代化的顶层设计，其第八项战略任务"加快信息时代教育变革"从政策高度指出面向2035年教育信息化发展方向。《教育部2022年工作要点》明确提出实施教育数字化战略行动，党的二十大报告强调"推进教育数字化"，自此，我国进入教育信息化的特殊阶段——教育数字化转型阶段。该阶段是信息技术推动教育发展在多年量变积累基础上实现质变的关键期。

信息化助力学科建设与发展。2018年发布的《教育信息化2.0行动计划》指出，智慧教育创新发展行动的4个任务之一，就是加强教育信息化学术共同体和学科建设，以创新为突破口，强调加强教育信息化交叉学科建设。一流学科的培育离不开一流的学科信息化建设，从国家顶层设计的文件中便可见一斑。2020年，中共中央、国务院印发《关于深化新时代教育督导体制机制改革的意见》，提出大力强化信息技术手段应用，充分利用互联网、大数据、云计算等开展督导评估监测工作。同年，中共中央、国务院印发了《深化新时代教育评价改革总体方案》，提出"坚持科学有效，改进结果评价，强化过程评价，探索增值评价，健全综合评价，充分利用信息技术，提高教育评价的科学性、专业性、客观性"，"推进高校分类评价，引导不同类型高校科学定位，办出特色和水平"。《"双一流"建设成效评价办法（试行）》《关于深入推进世界一流大学和一流学科建设的若干意见》等系列文件，也注重学科建设的持续提升，提出常态化监测机制。

教育信息化的核心内容是教学信息化。教学是教育领域的中心工作，教学信息化就是要使教学手段科技化、教育传播信息化、教学方式现代化。2018年8月，教育部、财政部和国家发展改革委印发《关于高等学校加快"双一流"建设的指导意见》明确指出，"推动信息技术、智能技术与教育教学深度融合，构建'互联网＋'条件下的人才培养新模式，推进信息化实践教学，充分利用现代信息技术实现优质教学资源开放共享，全面提升师生信息素养"。2019年，《教育部关于深化本科教育教学改革全面提高人才培养质量的意见》提出，"完善过程性考核与结果性考核有机结合的学业考评制度"，"科学合理制定本科毕业设计（论文）要求，严格全过程管理，严肃处理各类学术不端行为"。除提高教育教学效率外，信息化也能促进高校毕业生更高质量就业。《2006—2020年国家信息化发展战略》提出，要"建设多层次、多功能的就业信息服务体系，加强就业信息统计、分析和发布工作，改善技能培训、就业指导和政策咨询服务"。2018年，《教育部关于推动高校形成就业与招生计划人才培养联动机制的指导意见》提出，构建高等学校专业人才需求预测、预警系统和毕业生就业监测反馈系统，建立健全专业的预警、调整机制，完善高校毕业生就业和重点产业人才供需年度报告制度。2023年，《教育部办公厅关于开展2023届高校毕业生就业"百日冲刺"行动的通知》提出，健全就业监测机制，"百日冲刺"期间各地各高校要规范做好毕业生去向信息报送。随着一系列就业信息化建设举措的实施，高校就业信息化建设也得到快速发展。

二、高校现状

党的二十大报告提出，"实施科教兴国战略，强化现代化建设人才支撑"，"教育、科技、人才是全面建设社会主义现代化国家的基础性、战略性支撑"，这体现了党和国家对教育的重视程度达到了新的高度，对教育教学也提出了新的要求。《深化新时代教育评价改革总体方案》《关于深化新时代教育督导体制机制改革的意见》等一系列重要文件，也突出强化过程评价和督导，提出改进高等教育教学评估，强化人才培养的中心地位。

从以上文件的发布和实施可以看出：落实教育数字化战略行动部署，以高等教育数字化、智能化引领我国高等教育现代化建设，必须充分发挥信息化支撑作用；教育改革发展涉及面广、难度大，教育评价的指标越来越复杂，数据越来越难以收集和管理，自我评估、日常动态监测、周期性评估、第三方评价等多元多维评价越来越必要。从长远来看，以数字化转型为契机，赋能高等教育高质量发展是国家层面高等教育的发展战略。如何发挥信息化支撑引领作用，提升数字化、智能化管理水平，服务高校事业规划和学科建设、教育教学的各项工作，如何快速有效地推进多元评价、发挥优势、突出特色，推进高等教育及学科建设高质量发展成为当前亟待解决的课题。

学科建设是高校稳步发展的根基，在"双一流"建设和"十四五"规划的背景下，国家、地方均高度重视学科建设。随着高校"双一流"建设工作的不断推进，学科办、发规处等部门普遍面临处理海量数据或计算烦琐、学科数据统计工作频繁、资源分配缺乏抓手、学科建设项目量激增、管理难度大等一系列问题，亟待通过数字化技术和业务相结合的建设方法，实现学科多维度分析和支持多业务开展的智能工作平台，全面提升高校学科建设与管理的精细化程度，辅助高校对学科发展科学决策。

提高人才自主培养质量、加快建设高质量教育体系，是当前高校的重点任务。国家高度重视高校本科生教育及人才培养工作，陆续出台了系列政策，要求以本科教育教学评估为抓手，强化高校教学过程质量的监控与评价。当前，高校在推进教学评价改革的过程中，普遍存在评价范围广、评价周期长、学校实施成本高、数据获取难度大等问题，急需智能采集技术、大数据技术作为支撑。

同时，高等院校的人才培养，还应体现其创新性和社会适应性，必须以产业发展需求为导向，不断创新优化人才培养模式，以确保学科专业设置与产业行业发展、社会紧缺人才需求有机契合。在此过程中，高等院校需要及时获取产业行业发展情报、社会人才需求、毕业生跟踪等产教大数据，但目前对这部分信息的获取，高校普遍通过网络调研、问卷调研、访谈（或座谈）的方式获取，存在局限性，在准确性、时效性等方面也存在弊端；此外，学校往往缺乏对数据资源进行高效智能分析的有效工具，未能实现数据资源的充分利用，难以助力高校人才培养模式改革，亟待引入数智化人才需求分析工具加以辅助。

第三节 工作思路

一、数据治理

大数据时代，数据类型的多样化与规模化、数据的规范化与标准化、数据处理技术的复杂化以及安全与隐私等问题都对组织管理数据提出了挑战。对于高校而言，教育数据是学校数据治理的关键因素和核心资产，具有多类型、多来源的特点，而教育数据治理是推动治理体系精细化和治理能力现代化的必然要求，也是教育数字化与业务深度融合的必由之路。高校实现有效的教育数据治理，需要明确什么是数据治理、为什么要数据治理、如何进行数据治理。

高校数据治理是在保证数据安全的前提下，校内相关的信息系统进行有效对接、高效整合各类教育数据资源、全面提升数据质量、快速形成数据资产，将管理与技术有机融合，对数据本身、数据相关业务进行治理，推动数据创新应用和决策服务。

近年来我国高校数据治理体系建设取得了明显的进步，但仍然存在一些问题。在高校数字化建设初期，数据管理缺乏统筹规划，信息"孤岛"问题逐步演变为数据"孤岛"，往往会出现数据统计口径不一、质量参差不齐、难以共享复用等突出问题，规范化的数据与技术手段对高校教育发展工作的支持还远远不够。

经过广泛调研发现，目前高校数据治理方面存在的主要问题如下：

（一）数据"孤岛"问题严重

不同部门基于自身业务和应用或者为了"数字化而数字化"，建立了各自的业务系统，系统间数据标准不一、统计口径不一，难以整合、复用。

（二）数据质量问题严重

多数学校仍然采用"业务系统＋Excel 管理"并举的方法，很多数据没有沉淀到业务系统，且涉及多部门多负责人，数据管理混乱；业务系统中的数据缺失且更新不及时，数据源的质量参差不齐，数据集成后未深入加工清洗、质量不高是大多数高校存在的普遍问题。

（三）数据治理制度和机制尚未建立

数据治理涉及面广、运行周期长，构建一套完整度高、可行性强的数据治理体系需要长期投入。大多数高校并未建立持续、可行的数据治理制度和机制，通常会遇到无人牵头推进、持续财力投入不足等情况。

针对上述问题，可以采用有针对性的数字化手段有效解决。一是积极响应国家数据战略，提升高校"治理主体"的数据素养，建立本校的数据治理制度和机制，持续推进数据治理工作。二是明确教育数据的应用目标，以需求和目标为牵引，实现教育数据整合集成。同时，建立适宜本校的数据治理体系。以使用者为核心，以元数据为基础，以"业务＋技术"双轮驱动，从数据采集、数据清洗、数据标引、数据转换到数据质量、数据标准、数据安全、数据流转和数据应用与共享的全过程管理，通过教育数据中台的搭建和大数据技术的运用，推动数据"管理"向

"治理"的科学转变,促进全校教育数据融合发展,进一步挖掘数据利用价值和共享价值,赋能高校高质量发展。

二、平台建设

基于教育数据中台,以高校实际业务为出发点,多维应用场景为导向,加强过程管理,进一步加速数字智能化转型,提升业务效率和管理水平。

(一) 学科建设

为了满足新形势下教育评价改革对高校学科建设工作的要求,充分推动信息技术与学科建设融合,应搭建服务高校发展规划的数字化、智能化学科建设管理平台。通过对本校学科数据的精准梳理与集中管理,保证学科数据统计口径和出口的唯一性;及时了解本校学科建设的进展、现状和趋势,并通过与其他高校的对标分析,实现全面摸底、知己知彼;提供多种分析工具和过程管理平台。为高校的学科建设、规划和布局调整,资源分配,评估考核,统计报送,项目管理等业务提供工具和客观数据支撑。提高学科建设的针对性,提高学科建设资源分配和决策分析的科学性,加速学科建设数字化进程,更好地服务业务管理部门。

1. 学科动态监测平台

基于集中管理的学科数据,可实现本校学科建设情况的动态监测、与其他高校的对标分析,为本校学科水平诊断分析、学科布局优化、学科发展规划等提供多种分析工具和客观数据支持。

2. 学科数据报送平台

针对各类固定报表,辅助学校实现从传统线下填报到线上智能填报的平台数字化和业务智能化的转变,减轻教师填报、采集、汇总的工作量,进一步保证数据对外报送的准确性,方便本校数据沉淀、归档。

3. 学科绩效考核平台

可对学科、学院、教师团队等考核、自评估业务提供支持,推动高校学科、学院、教师、团队建设目标落地,为本校的发展评价及资源配置决策提供数据支撑,进一步提升办学治校能力和建设水平。

4. 学科建设项目管理平台

实现项目申报、立项、中期检查、变更、结项验收、经费管理、项目预警等关键环节全流程管理，动态反映学科项目最新的进展和投入产出评价，保障学科规划与学科建设不脱节。

(二) 科教成果统计分析

高校作为承载教学科研任务的主体，产出大量的具有宝贵价值的各类科研成果和教学成果。在智慧校园建设背景下，实现这些成果的有效管理和挖掘分析，将反映高校教学质量和科研水平，促进学术交流与传播，为学校的教学改革、科研管理与创新提供数据支撑和决策参考，为教师绩效考核和激励机制提供数据依据。

科教成果统计分析平台契合高校办学定位、科研发展战略，梳理汇总高校各类教学科研成果产出，全面覆盖期刊论文、会议论文、学位论文、专著、报纸、专利、标准、项目、教材、课程、获奖情况等多种成果类型，建设以数据采集、清洗、排重、分类、标引、匹配为基础的高质量数据；提供精细化数据处理、流程清晰的数据管理、全方位多角度的统计分析服务。平台将学校分散的学术成果整合在一起，并对数据进行了清洗加工和数据标引，以完整、准确、可持续地建设学校数据为基础，准确关联成果、机构和学者之间的关系，从学校、学院、学者 3 个层面对学校多年来的成果进行再组织、再呈现，并通过多维度多层次的统计分析和可视化展示，充分揭示学校、院系、学者的学术能量和学术影响力，实现知识的进一步传播与共享，推进学术合作与交流。系统主要业务包括采集梳理学校的学术成果，基于精细化成果建设提供成果管理、多层次成果组织、成果展示、院系主页、学者主页、统计报表、可视化分析、科研评估等功能服务，为高校的教学科研成果建设与分析提供一站式解决方案。

(三) 人才培养与就业

高校人才培养包括从课堂教学到实习实践、毕业设计、求职就业等诸多环节，培养周期长，涉及部门多。因此，高校急需一个能够支撑大学生培养各关键环节、提供全过程教学业务管理的平台，以便高校进行教学与实践全过程的管理、教学质量的监测与分析。

"大学生全过程培养管理平台"旨在满足高校对教学与实践全链条管理的需求，构建学生从入学到毕业的课程学习、实习实践、毕业设计、论文送审、就业辅导等关键环节于一体的贯通式服务平台。平台包含课程学习过程管理、实习实践管理、毕业设计(论文)管理、论文送审、职业岗位大数据分析和教学质量监测分析等系列子模块。其中：

（1）课程学习过程管理子模块：提供课程学习资源拓展、写作规范学习、原创意识培养、内容智能审校、在线写作指导、作业评价等功能模块，实现课程学习全过程线上管理。

（2）实习实践子模块：提供实习实践计划组织和过程管理服务，实现学校、实习单位、指导教师、学生等多角色之间的远程协同实习实践管理。

（3）毕业设计(论文)管理子模块：为用户提供毕业设计的全流程管理服务，包括选题分析、开题、中期、答辩、评阅、送审等环节的过程管理。

（4）论文送审子模块：提供覆盖"论文提交—抽取送审—接审—评审"全过程业务流程的送审和抽检一站式、无纸化服务。

（5）职业岗位大数据分析子模块：提供以"岗位"为中心的人才需求大数据中心，在此数据基础上，结合学校专业设置、专业群组建、课程内容体系设计等业务环节需求提供行业产业人才需求分析、岗位能力画像、专业岗位匹配分析、人职匹配分析、岗位人才图谱分析等服务。

（6）教学质量监测与分析子模块：围绕高校教学质量监测与过程评价需求，深度整合高校"教"与"学"全过程质量数据，以辅助高校开展学生的增值评价、教师教学成效评价等教学质量评估填报相关工作，全面助力高校高质量人才培养。

（四）方案定制

在2023年2月召开的世界数字教育大会上，教育部部长怀进鹏发表题为《数字变革与教育未来》的主旨演讲，其中提道："发展数字教育，推动教育数字化转型，是大势所趋、发展所需、改革所向，更是教育工作者应有之志、应尽之责、应立之功。"不同高校在数字化转型中面临着各自不同的现状问题和建设目标，所以高校的数字化平台需立足本校，将发展要求与自身业务相结合，依托"业务＋技术"的双轮驱动，"量身定制"建设符合自身特点、最大化满足自身需求的解决方案亦是"大势所趋、发展所需、改革所向"。

经过多方实地调研发现，高校往往采用"1＋1"的校企合作模式，即本校业务主管部门与第三方的技术力量共同建设。在Z企业的建设案例中，采用"高校＋该企业"共建以及"标准＋个性"的双"1＋1"创新服务模式，推动高校的顶层设计创新能力与企业专业团队的技术服务能力相结合，形成满足高校需求、具有高校特色的可行性方案，全力推进平台高质量建设落实落地。

1. 学科建设

教育评价改革和分类评价的探索，促使从"千校一面"向"校本特色"转变。学科建设是高校的核心任务，不同类型、不同地区、不同层次的高校存在的问题和发展方向各不相同，学科建设工作极具个性化。

在此背景下，Z企业充分考虑各高校学科建设的独特性，实行"一校一方案"的定制化服务模式，根据高校学科建设的特点和现状进行合作共建。针对数据管理，不同高校所管理的数据差异较大，部分高校更关注"双一流"建设及相应数据的动态监测，这需要将"双一流"指标体系中的填报内容转换为管理的数据类型；有的高校希望基于国家级报表扩展管理具有本校特色的数据类型，这就需要为不同高校的需求预留"扩展性"功能。针对高校整体发展水平和成长提升程度等分析，每所高校对标的学校、学科各有不同，对于数据的分析方式、分析结果呈现方式各不相同。针对考核和自评估，不同高校的考核方案及流程不一样，有的高校直接根据"双一流""学科评估"原始简况表进行考核、自评估，有的高校建设了符合该校资源分配的考核指标体系，需要根据该校的考核方案和计分规则进行配置。针对填报报送业务，有的高校学科建设管理部门只负责"双一流"建设，有的高校还负责基本状态信息表的报送、学位点申报及合格评估，有的还负责排名数据的对外报送，需要根据不同高校的需要配置相应的报表。针对学科建设项目全流程管理，有的是进行精细化的全流程、全生命周期的管理，有的则仅需将关键节点进行管理即可，不同高校的管理流程和最终目标更是千差万别。

综上，不同高校学科建设的任务和目标不同，所以最终服务业务的数字化平台建设内容也大不相同，需提供更有针对性的建设方案和实施内容。

2. 科教成果统计分析

管理本校教学科研成果产出，建设本校学术成果管理与统计分析平台是高校信息化建设的重要一环。近些年来，已有很多高校和科研院所以收集保存本机构知识产出为目的建设了本单位的科教成果统计分析平台。在建设过程中，各机构结合自身特点和实际情况对成果的管理与挖掘分析提出了很多个性化需求。Z企业的"科教成果统计分析平台"在标准化产品设计时，充分考虑系统的灵活性和可扩展性，提供可插拔式微服务，支持用户自主选择系统功能模块；提供灵活的审核流程管理、数据更新策略自主设置、批量的数据管理与匹配、统计报表自定义组合、可视化看板自定义等功能服务，支持学校根据建设需求、自身特点、实际情况、业务需求,在标准化产品的基础上进行灵活定制,最终实现差异化、个性化的科教成果统计分析。

3. 人才培养与就业

近年来,国家陆续出台相关政策,要求全面整顿教育教学秩序,严格教育教学过程管理,开展高质量人才培养。在此背景下,各高校纷纷加强课程作业、实习实践、毕业设计等过程管理,在此过程中,因高校发展特色不同,各高校存在诸多个性化需求。Z企业的"大学生全过程培养管理平台"结合高校多样化需求,在云服务系统的基础上,提供灵活的工作流程管理、表单管理、模块管理;提供支持高校自定义配置的管理后台,支持高校结合自身特色自主设置业务流程、审核流程、提交细项要求、评分模式、导出文档格式等重要业务环节内容,有效实现了"一校一案一云"的云服务模式。另外,职业岗位大数据服务子模块还可根据院校重点专业及面向的行业、岗位,提供个性化岗位需求分析等定制服务。

第四节　解　决　方　案

一、平台整体框架

平台对高校教育数据进行精准梳理与集中管理,保证数据统计口径和出口的唯一性,通过构建数据治理体系,进一步释放数据价值,为高校的学科建设、科教成果统计分析、大学生全过程培养管理提供平台和客观数据支撑,推动业务与技术融合,提升职能部门的服务效能和科学化决策水平。平台整体框架如图 9-1 所示。

数据层:通过对不同来源数据进行清洗、规范、标引、转换等加工流程,形成高校教育数据中台建设的数据基础;构建学科建设、科教成果统计分析、大学生全过程培养管理等所需的数据类型和指标体系,对各类数据类型与字段进行精细管理,实现各类数据的集中管理,满足高校对教育数据的规范化、精细化、标准化治理的需求,并为数据分析与应用提供基础。

应用层:在数据建设基础上,实现多视角、多维度、多场景的分析应用,以及全流程、智能化的过程管理,支撑上层学科建设、科教成果统计分析、大学生全过

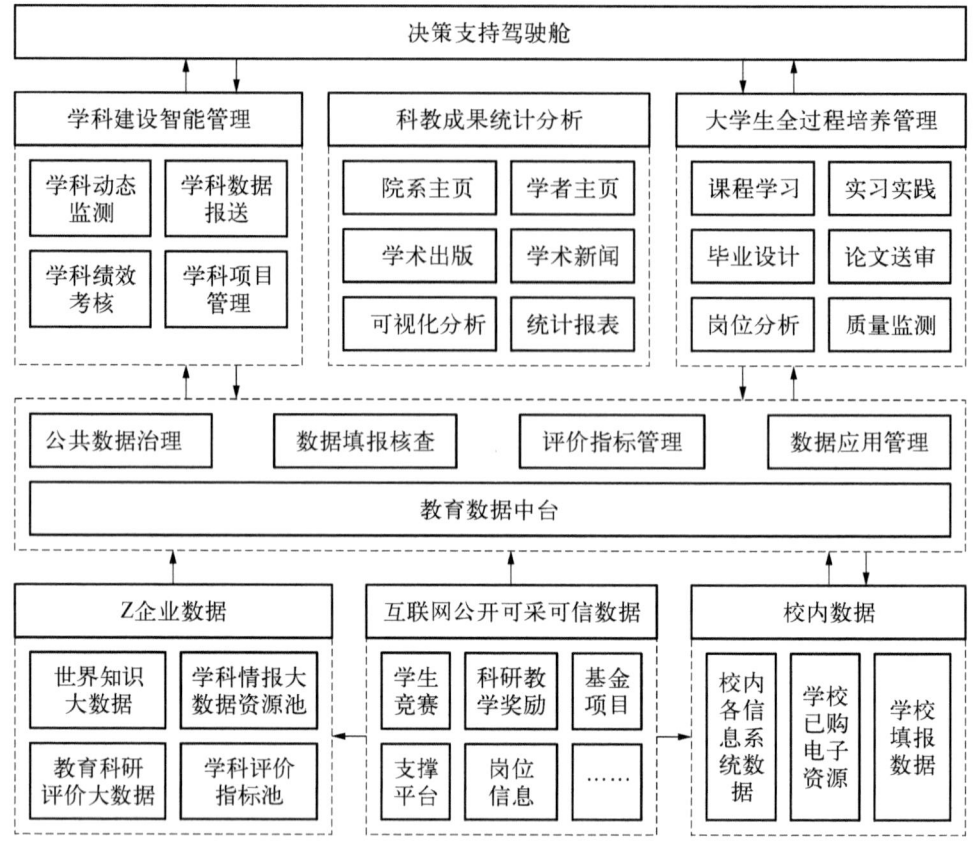

图 9-1 平台整体框架

程培养管理等业务应用，通过多维分析、展示和全流程管理，进一步提升管理自动化、决策科学化，为各类业务开展提供客观数据和平台支撑。

决策支持驾驶舱：遴选高校高质量发展所关注的核心指标与数据，基于数据和应用分析工具，以各类可视化图表形式予以展示，便于高校从全校层面统筹观测核心指标数据的变化情况。这些核心数据一方面可辅助高校对教育发展和建设情况进行综合判断、科学决策，另一方面可用于对外宣传展示。

二、教育数据中台

教育数据中台将对表征本校教育教学、学科建设状态和发展水平的多维度数据及多来源数据进行加工、清洗、管理，并为上层的学科建设、人才培养等业务提供数据支撑。数据管理遵循"应采尽采"原则，并对数据质量进行严格控制，实现数据多级审核，从而实现在管理与分析工作中"数据多跑路，人员少跑腿"。

（一）构建数据治理体系

1. 数据治理精细化

数据治理是各高校当下关注的重点，其有助于高校厘清教育数据现状。但数据资源的建设不是数据堆砌和无序扩张，而是尽可能地汇聚有助于高校自身发展的数据。

基于高校自身发展需求，建立适应学校需求的数据治理体系，促进数据治理精细化转变，有效提升学校数据可用性及数据治理水平。通过对数据进行输入输出管理，使数据输入具备数据校验、数据清洗、数据转换等功能，以确保输入的数据符合规范和标准。

2. 强化数据安全保障

通过加强数据生命周期全流程监控，制定隐私保护、数据存取和利用的规范与标准，明确利益相关人的岗位职责、建立问责制度等方式，从而有效保障数据安全和合规利用，降低数据利用的风险。

保证数据传输安全：在数据传输过程中，使用加密协议来保证数据传输的安全性，对输入的数据进行安全性检查，例如防止 SQL 注入、XSS 攻击等。使数据输出具备数据加密、数据脱敏等功能，以确保输出的数据不会泄露敏感信息。同时，对输出的数据进行安全性检查，例如防止 CSRF 攻击、XSS 攻击等。

保证数据存储安全：在数据存储过程中，使用加密算法来保证数据存储的安全性。同时，对存储的数据进行备份和恢复，以防止数据丢失。

保证数据权限控制：在数据中台中，对不同用户和角色进行权限控制，以确保只有授权用户才能访问和操作相关的数据。

3. 智能化数据采集

通过对实际业务的深入理解，个性化采集所需数据，用多种技术，如平台采集、图像识别、视频录制、物联感知等技术，从多个维度和渠道获取教育数据。

遵循"一数一源"的原则，规范数据采集、存储传输、使用处理、开放共享等全生命周期的数据活动，建立数据标准体系和数据资源目录。实现数据的真实性、准确性、合规性、一致性，开展数据分类分级和质量评估，与权威数据源进行对接和校核。支持数据的深度整合和集约管理，利用新一代信息技术提升数据的数字化、网络化、智能化水平，为教育决策、管理和服务提供数据支撑。

(二) 多源数据动态管理

1. 数据管理

为实现高校教育数据统一管理的目标,教育数据中台需预置高校发展所需的数据类型,并提供自定义新增数据类型的功能,满足高校根据自身发展需要进行多样化数据管理的需求。此外,通过构建机构、学院、教师用户数据词典实现成果的多级匹配,推进数据精细化管理。

2. 多来源数据获取

为确保数据支撑分析的全面性和准确性,平台通过多渠道获取数据来源,主要依托以下几个方面:

校内系统数据对接。为了发挥平台的数据治理作用,平台预留扩展性API,对接校内其他业务系统的数据,在平台中完成校内多来源学科数据的整合与统一治理。

企业推送数据。平台可推送精细化加工处理后的Z企业已有数据(学术成果数据、评价类数据)和互联网公开可采可信数据,减轻教师填报数据的负担。

学校自提交数据。除以上两种方式,用户可采用自填报的方式提交数据,确保数据的全面性和完善性。

3. 数据清洗及规范化

采集后的信息经过数据清洗、结构化、规范化等操作之后才能入库。尤其是网络采集的公共可信数据,需经结构化、规范化,借助人工智能、大数据等技术手段处理后入库,进一步确保数据的准确性和规范性。

(三) 典型案例

某"双一流"建设高校面临本校数据分散在不同业务管理系统,难以收集;数据规范性差,难以复用;教师手动填报数据,积极性不高等数据收集管理难题,学校希望利用第三方的数据优势和技术优势,建设本校的"大数据综合管理中心",助力学校实现数据互通共享,推进教育数字化转型。

在该项目中,平台成功对接该校科研、人事、教务等系统,打破校内教育数据"孤岛"。平台通过主动推送自有数据和互联网公开可采可信数据,大大减轻教师数据填报的工作量。在此基础上,整理该校自成立以来的机构、院系拆分、整合与更名情况,师资队伍等信息,将数据清理到学科、院系、教师层面,满足学校教育数据的精细化管理需求,提高学校大数据分析与应用能力,实现"让数据多跑路,人员少跑腿",提升工作效率与决策水平。

三、学科建设智能管理平台

学科建设智能管理平台包括学科动态监测平台、学科数据报送平台、学科建设绩效管理平台、学科建设项目管理平台4个子平台,分别支撑学科建设的4个核心场景。

(一) 学科动态监测平台

学科动态监测平台以学科数据建设为基础,提供学科评价关键定量指标的监测与分析服务。通过对学校、学科、学院、教师等主体的多指标分析,实现核心指标常态化动态监测与多视角分析,可自行配置模板并生成报告,为学科发展评价提供数据支撑和决策依据,通过全方位多角度的横向纵向分析,实现知己知彼的目标。

1. 核心功能

(1) 全景展示。支持可视化展示本校基本信息、院系设置、科研平台、学科布局、学科排名、学院成果贡献度、教师人员概况等情况。

(2) 校内分析。包括机构、学科、学院、教师分析4个维度,可进行汇总分析、逐年分析和增量分析,并可视化展示。

(3) 校际对标。与对标高校进行整体对标分析,支持不同高校间的同一学科对标分析。

(4) 建制规划。按学科、学院、教师的灵活组配,为学校学科/学院/团队规划提供客观数据,预估成立新学科、新学院、新团队的学科建设整体水平。

(5) 指标预警。对需要预警的指标进行时间、周期、预警类型的灵活设置和预警值的监控。

(6) 排名分析。高校可参考在高等教育领域内外的广泛关注和认可的排名,了解本校处于同领域高校中的位置,实时分析本校在大学排名、自然指数等公开的大学、学科排名上的趋势,与其他高校的排名进行对标分析。

(7) 分析报告。基于日常的监测指标,生成多图表+文字描述的定制学科报告,为学科、学院的学科建设提供客观数据的支撑。

2. 典型案例

某高校是一所以工科为主的综合性大学,是"双一流"学科建设高校。该校认为,在一定程度上,"一流"是比出来的,不仅要看本校的发展情况,还要看和其他高校相比较差距在哪里、优势在哪里,这样才能在"双一流"大考中提前预判,及时调整发展策略和发展规划。但仅凭学校的人力,很难厘清本校和对标高校的数据,因此需借助第三方技术力量,帮助学校通过信息化手段及时了解对标高校学科发展情况,实现全面摸底、知己知彼的目标。

该项目不仅实现了该校所有学科关键数据采集、统计、分析、展示、上报的自动化,更实现了对标高校公开数据的整合与分析,满足该校内外学科评估与对标的需求,帮助该校及时动态持续追踪其他高校发展情况,及时了解自身在具体学科甚至指标项上有哪些优势、不足,为学校发展规划提供客观依据,服务学校科学决策和内涵式高质量发展。

(二) 学科数据报送平台

学科数据报送平台支持在线填报"双一流"建设监测指标体系、学位点申报及合格评估、大学排名等需要固定报送的表格。针对固定报表,可对指标进行任务分配,支持单个指标配置及批量配置;完成填报任务后,支持算法核查与人工审核,确保填报数据的准确性。

1. 核心功能

(1) 填报报表管理。该平台具有较强的拓展性,可预置"双一流"监测、学位点申报及合格评估、大学排名等全国通用性的报表,可提供定制个性化报表的服务及学校自定义报表功能。

(2) 全流程填报任务管理。支持任务创建、任务分配、任务填报、进度查看、任务归档等全流程任务填报管理服务。

(3) 数据填报。平台支持多任务多角色并行填报,多个填报单位可并行填报。可按检索添加推送数据、历史数据和批量导入等方式填报任务,支持数据核查。

(4) 数据审核。支持算法核查+人工审核。平台预置算法辅助核查,如逻辑核查、重复性核查和整体性核查,提升填报数据准确性,减轻人工审核的工作量。

(5) 数据可视化。对填报任务中的数据进行可视化分析,支持条形图、饼图、折线图,并导出报告。

(6) 填报任务归档。历史数据归档留存,可随时查看、导出使用。

2. 典型案例

某工科"双一流"建设高校，是教育部直属全国重点大学。该校设有近20个学院，20多个学位点。每年都有大量的校内、校外的数据统计报送工作，发展规划处人员有限，经常需要加班收集、统计、审核数据。以报送学位点合格评估数据为例，一是报送的材料涉及多个部门、填报材料多，很难收集；二是每项材料要填报的指标多，填报工作量大；三是学校学位点多，很难实现各个表的高效、有序管理；四是为了保证填报内容准确，需花费大量时间和精力审核。因此学校亟需线上填报工具，实现线上表格的统一管理、填报，最好可以审核数据准确性，提高数据填报和审核的效率。

该项目利用业内领先的技术手段，最大限度实现数据中台中已有数据的智能化推送及自动化填报，基于大数据中台汇集、存储的数据，分析数据的具体情况和应用需求，实现以自动预填报或推送辅助填报代替手动录入，大大减少采集、填报数据的工作量，为从事相关业务的工作人员减负。平台设计逻辑性核查、重复数据检查功能，及时准确发现错误填报数据，提高报送数据的准确性，提升学科数据统计报送效能。

(三) 学科绩效考核平台

学科绩效考核平台可支撑高校对本校学科建设情况进行考核及自评估，辅助校领导及学科建设相关部门及时了解本校学科发展现状及建设目标/任务完成情况，进而为本校的学科发展评价及资源分配决策提供数据支持，辅助学校优化学科建设策略，提高资源利用效率。

1. 核心功能

（1）个性化配置考核指标。可将学校的绩效考核指标体系预置到平台里。平台支持预置多套考核指标体系供学校直接使用，可对指标体系进行增删查改。

（2）流程管理。平台可实现任务创建、目标关联、任务分配、专家指派、分数汇算、数据归档等环节的全流程管理。

（3）多任务多角色并行填报。支持按检索添加、参考历史数据、上传佐证材料、批量导入等方式进行任务填报，支持自评打分。

（4）支持灵活配置指标权重和定量＋定性的评分规则。对于定量指标支持按完成情况绝对值、完成率、等级算分及投入产出比等考核方式自动计算得出考核结果。

（5）考核结果总览。平台对考核填报的数据进行如考核排名、档位分析、指标优劣等分析，支持对填报评审详情、总评意见及分数汇算详情的查看。

2. 典型案例

某省属重点大学为深化学校体制改革，以突出学院、学科特色为导向，建立目标管理与绩效考核体系。如何科学下达建设任务、如何对资源配置精准施策是该校一度面临的难题。学校需充分利用校外专家资源，客观评价学院、学科发展情况，帮助学校洞悉各考核对象阶段建设成效。需通过学科自评估工作，明确优势和不足、扬长补短、优化学科布局，为确立短期、长期目标提供决策基础，达到以评促建的目的。

基于该校需求，建设学科建设绩效管理平台，配置该校特有绩效考核指标体系，从指标、目标到专家评审、算分，均可实现线上全流程管理，一键汇总、自动算分，简单快捷，实现对数据的可视化分析，降低管理成本，提升工作效率，进而为该校的学科发展评价及资源分配决策提供数据支持，辅助该校优化学科建设策略，提高资源利用效率。

（四）学科建设项目管理平台

学科建设项目管理平台对学校学科重点项目进行全流程管理，包括项目申报、评审、立项、进度管理、变更管理、阶段性审查（项目年检、中期检查）、结项验收等关键环节，并在管理过程中支持经费管理、项目预警等，帮助高校实现动态反映学科项目最新进展，保障学科建设项目计划与执行不脱节。

1. 核心功能

（1）项目申报管理。支持主管部门创建发布学科建设项目申报计划，相应负责人根据申报通知进行项目申报提交，由主管部门对项目申报进行审核。

（2）项目过程管理。对立项通过的学科项目建立项目数据库，在项目建设过程中可进行项目信息的查看、变更管理、阶段性审查。

（3）项目预警。可对项目预警范围进行设置，对项目经费、执行进度在预警范围内的项目，支持管理人员对预警项目进行亮灯警示，给项目负责人发送预警消息，提醒项目负责人需调整项目执行进度。

（4）项目经费管理。项目执行过程中，支持对学科项目进行预算管理、到账支出管理。提供预算模板，支持预算信息编制。支持对在经费支出范围内的各类费用进行管理。

(5) 项目成果管理。项目建设过程中，支持对项目成果进行管理，添加项目成果。支持项目成果统一管理和检索服务，可进行项目成果的编辑、批量导出和删除等基本操作。

(6) 项目结项验收。支持项目结项管理，允许提交项目结项材料，录入完善项目所取得的有关建设成果，支持主管部门对项目结项验收进行审核。项目结项后可对各项目进行绩效考核，支持按照学校管理办法建设项目绩效指标体系、设置指标权重，结项后针对项目的目标完成情况进行绩效打分。

(7) 项目评审管理。可设置评审模板，主管部门可创建评审计划，在项目立项、中期、结项等阶段邀请专家对项目进行评审。

(8) 统计报表。平台提供常用统计报表，对平台内建设的项目、经费等数据进行多维度统计，支持统计报表的快速导出。

2. 典型案例

某"双一流"建设高校为加强学科建设项目管理，统筹建设资源，简化管理程序，有效推动项目实施，需构建本校学科建设项目管理平台，实现对学科项目的全流程管理，及时了解项目进展，保证项目计划与执行不脱节。

为学校建设学科建设项目管理平台，从项目申报、评审立项、进度管理、变更管理、阶段性审查(项目年检、中期检查)、结项验收等关键环节进行线上管理，并在管理过程中实现经费管理、项目预警等，动态反映该校学科项目的最新进展，实现项目投入产出的计算，对推动学校世界一流学科高校建设和调动全校教师开展学科建设积极性有重要意义。

四、科教成果统计分析平台

科教成果统计分析平台以完整、准确、可持续地建设学校数据为基础，准确关联成果、机构和学者之间的关系，从学校、学院、学者3个层面对学校成果进行再组织、再呈现以及多角度的统计分析和可视化展示，实现知识的进一步传播与共享，推进学术合作与交流。

(一) 核心功能

1. 院系主页

全面展示学院的学术成果与科研项目，从多方面彰显学院学术影响力，包括院系简介、下属部门、学术成果、科研项目、统计分析、计量评价等。

2.学者主页

通过学者主页完整展示学者的学术科研能力和科研绩效，包括学者简介、学者成果、学术圈、成果统计、计量评价等。

3.学术出版

用于发布、管理和展示学校的刊物以及出版的专著和教辅教材等，拓展自有出版物的传播途径。

4.学术新闻

用于学校学术动态、重要新闻公告、官网信息等内容的展示，展示内容自定义。

5.可视化分析展示

对学校、学院及学者进行多维度的统计分析，以可视化图表形式揭示学校、学院及学者的学术影响力，包括成果趋势、学科分布、关键词、基金成果、成果收录、院系成果、成果分布、合作机构、合作国家等维度。

6.统计报表

支持多种常见统计场景下的固定报表；可根据业务个性化配置固定报表，以满足固定的统计需求，如各单位科研人员职称/学历/学位分析表、各单位成果类型年度统计表、各单位项目经费年度统计表等；可根据需求进行自定义统计，选择统计维度，包括但不限于部门、人员、年份、成果、项目、获奖等任意组合统计报表；支持统计条件的进一步筛选，生成二维表及三维表。

(二) 典型案例

某教育部直属"双一流"建设高校，希望可以全方位多角度展示该校的教学科研产出，通过多指标多维度可视化图表揭示学校学术成就，促进学校的知识传播与交流，加强学校的学术影响力。

通过建设该校的科教成果统计分析平台，规范化、可视化展示学校主页、学院主页及学者主页等，直观呈现出该校的学术研究水平和能力，成为学校对外宣传的重要手段之一，助力学校教学科研、学科建设及人才培养等工作，是学校"双一流"建设中重要的一部分。

五、大学生全过程培养管理平台

大学生全过程培养管理平台旨在满足高校对大学生教学与实践的过程管

理、监控、送审、督导检查及大数据分析等全链条管理需求,构建了包括本科生从入学到毕业的课程学习、实习实践、毕业设计、论文送审、就业辅导、教学质量监测分析等关键环节在内的贯通式服务平台。该平台包含课程学习全过程综合培养、实习实践管理、大学生毕业设计(论文)管理、论文送审、职业岗位大数据分析、高校教学质量监测与分析 6 个核心子模块(见图 9-2)。

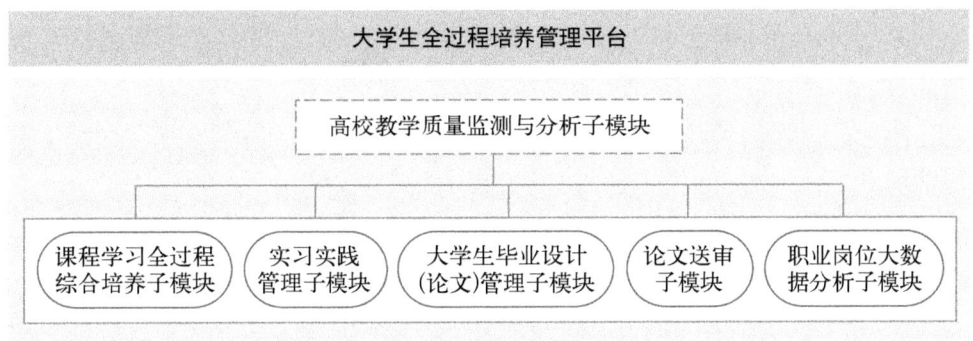

图 9-2 "大学生全过程培养管理平台"产品架构图

(一)课程学习全过程综合培养子模块

课程学习全过程综合培养子模块旨在满足高校对学生课程学习全过程质量管理的需求,通过提供课程学习资源拓展、写作规范学习、原创意识培养、内容智能审校、在线写作指导、作业评价等功能模块,为高校课程教与学提供辅助工具,实现课程学习全过程线上管理。

1. 核心模块

(1)课程学习资源拓展。基于 Z 企业海量文献和专业知识挖掘技术自动推荐课程学习参考和教学辅助资料文献,学习资源智能推送紧贴课程内容,主要包括推荐课程相关经典和最新学术文献及博硕士论文、外文文献、互联网相关信息等、分析相关研究情况、推荐期刊和机构、推荐相关学者、推荐提纲和目录等模块。

(2)写作规范学习。支持在线学习论文写作规范,通过大量典型试题测试学习效果;开展诚信教育专题和线上课程,通过典型案例分析和规章制度增强学生科研诚信意识和认知。包括在线学习、在线测试、典型案例、规章制度等模块。通过写作规范案例和规范的学习引导学生掌握论文选题规范、综述规范、引用规范、注释规范、试验伦理规范、摘要与关键词规范、署名与致谢规范、参考文献规范、论文发表规范等。

（3）原创意识培养。无缝对接学术不端文献检测，支持课程作业横向、纵向检测以及校内互检，帮助学生通过学习明确学术规范常识，培养原创意识，预防学术不端检测行为。

- 横向检测：将上传作业与系统已有海量数据进行比对。
- 纵向检测：将历年电子版作业上传至自建比对库中，作为检测比对数据，防止上下年级学生间抄袭。
- 校内互检：防止同届学生间相互抄袭，避免出现一篇作业提交至多个课程的现象。
- 写作检查：全文内容检查，错别字、英文拼写错误、标点错误的自动校对，复杂长句、重复文字和句子检查，以及关键词推荐、致谢检查、引用建议等。

（4）多维统计分析。支持按照课程作业、授课教师、学生等不同维度进行信息实时统计分析，帮助学校各级管理部门动态掌握课程完成进度和作业质量。

（5）作业评价及归档。支持学生多门课程作业多个版本的提交、检测和管理，教师/助教多个课堂多次作业的布置、评阅和管理。提供学生作业、课程多维度评价，形成学生个人课程档案，支持多维度多粒度的课程作业归档服务。

2. 过程管理指标

- 学情、教情学段报告：按学年、学期统计课程发布作业、检测、提交等总体情况。
- 开课数量：按教师所属院系统计所有教师授课的课程数量总和。
- 发布作业数量：按教师所属院系统计所有教师所授课程内发布的作业数量总和。
- 学生提交作业数：按学生所在的院系统计提交成功的作业数量总和。
- 检测数量按学生所在院系：统计检测成功的作业数量总和（不含已删除和已退课的数量，小组作业不按组员单计篇数）。
- 检测结果区间按学生所在院系：统计检测成功的作业在检测结果区间上的占比情况。
- 作业完成率：统计每门课程的作业完成情况，可按条件查看。
- 作业合格率：统计每门课程作业成绩分布。
- 作业原创率：按作业、课程、院系提供所有检测成功的作业总体检测结果复制比分布区间。

> 作业写作检查优秀率：统计每篇作业写作检查结果分布情况。
> 学生课程评价档案：为每个学生建立包括学生课程选课、作业提交及成绩等指标在内的档案。

(二) 实习实践管理子模块

实习实践管理子模块旨在满足高校对实习实践教学全过程管理的需求，采用"网页＋手机移动"多端协作模式，为学校提供实习基地管理、实习实践计划组织、全过程管理等服务，有效实现学校、实习单位、指导教师、学生等多角色之间远程协同的实习实践管理。

1. 核心模块

(1) 实习计划规则。实习计划规则的主要功能在于满足学校统一设置各个学院的实习计划设置要求与限制，支持创建不同模板，创建实习计划时可直接采用相关设置，减少创建多个相似计划时的工作量。

针对自主安排和集中安排，可分别设置任务要求、设置鉴定规则、设置其他要求。若创建计划时选择实习规则，在后续填报过程汇总则不可修改规则内容。

(2) 实习计划。

发布实习计划：发布实习计划的基本信息如计划名称、实践类型、年级、面向专业、实习时间、实习形式(自主/集中)等，支持设置实习目的、内容和要求等。

管理学生队伍：根据第一步选择的实习形式管理学生队伍，并给学生分配指导老师，支持手动分配和批量导入指导关系两种方式。

实习形式管理：自主实习形式管理方式通过让学生填报岗位收集其去向单位和岗位等信息，还可设置是否需要学生提交实习安全承诺书和实习单位接收函；集中实习形式管理方式则由管理员给学生安排实习单位和岗位(实习单位和岗位必须在实践基地中提前导入)。

设置实习要求：根据第一步选择的实习规则对实习学生设置任务要求，支持多选。支持对任务设置加以篇数限制、字数限制，支持设置是否需要评语、评分等。

设置鉴定规则：根据第一步选择的实习规则对实习学生的成绩设置鉴定规则，支持多选。支持限制鉴定内容字数，支持设置评价要求如各部分评分权重、评价指标及其权重等。

（3）实习文件模板库。支持校/院级管理员上传实习计划中需要用到的实习文件模板，包括实习报告、实习安全承诺书、实习单位接收函、实习单位评价等。

2. 过程管理指标

过程管理指标包括实习成绩（最终成绩、教师成绩、答辩成绩、学生互评成绩等）、优秀实习队伍数量/比例、实习项目转化为毕业论文项目的比例、实习类毕业论文优秀论文数量和比例，以及实习报告、实习总结等过程文档。

(三) 大学生毕业设计(论文)管理子模块

大学生毕业设计（论文）管理子模块旨在满足高校对毕业设计（论文）教学全流程管理的需求，提供毕设业务流程管理、选题分析、论文抄袭检测、课题题目排重、论文写作助手、学生"电子档案盒"导出、信息统计、备份存储等功能，构建贯穿高校毕业设计（论文）教学环节全流程的智能管理服务平台。

1. 核心模块

（1）师生双选管理。管理毕业设计（论文）选题业务场景下指导教师与学生之间的一对多双选业务流程，包括指导教师申报课题、审核课题、学生选题、达成师生双选、选题分析、课题题目排重。

（2）过程文档管理

管理毕业设计（论文）从选题到提交的整个业务流程相关文档，包括学生提交、指导教师审核、学生修改、过程文档检测、写作助手。

（3）评阅答辩管理

管理对学生的毕业设计（论文）进行评阅打分以及学生论文开题、中期检查、最终答辩的业务流程，包括指导教师评阅打分、评阅人评阅打分、专家评阅打分、安排答辩、答辩意见和成绩、盲评。

（4）优秀毕业设计（论文）管理。管理优秀毕业设计（论文）评定环节，包括院系推优、学校推优。

（5）工作检查和总结。服务学校及学院教务部门进行督导工作，对工作进行检查和总结。包括前期工作检查、前期工作检查工作总结、中期工作检查、中期工作检查工作总结、毕业设计（论文）工作总结。

（6）信息统计。对系统中的各个重要业务流程节点进行信息统计，包括工作量信息统计、选题信息统计、过程文档信息统计、成绩信息统计、检测结果信息统计、报教育部信息统计、统计报表、数据可视化等。

（7）文档导出。对系统中各个重要过程文档进行导出，包括课题表、任务书、过程文档、评阅成绩表格等文档导出。

2. 过程管理指标

（1）过程信息统计。针对学生的开题报告、中期报告、文献综述、毕业设计（论文）、指导记录等数据，提供相应的统计分析指标，如课题信息统计、学生选题统计、任务书信息统计、外文翻译统计、开题报告统计、中期报告统计、文献综述统计、毕业设计（论文）统计、指导记录统计等。

（2）评审答辩信息统计。针对教师的指导教师评阅、评阅教师评阅、专家评阅、答辩成绩等数据，提供相应的统计分析指标，如导师评阅情况统计、专业评阅情况统计、专家评阅情况统计、答辩信息统计、学生成绩统计等。

（3）检测结果统计。根据学生论文的检测结果，提供按复制比统计、按提交次序统计及按学年统计的统计分析指标。

(四) 论文送审子模块

论文送审子模块旨在满足高校对学生论文送审全流程管理的需求，基于学生毕业论文管理过程中送审场景，提供论文抽取、专家匹配、评阅打分、文档导出等服务模块，全面满足高校各类送审需求。同时，与Z企业毕业设计系统有机结合、数据共享，形成完整的毕业设计（论文）全流程管理体系。

1. 核心模块

（1）送审管理。

送审批次：基于不同业务场景创建对应的送审批次。每个批次可灵活设置评审开始和截止时间，对于专家迟迟不进行评审的情况，还可设置超时撤回时间，便于提高评审效率。同时支持评审专家人数、职称及查看去除本人复制比设置。

抽取送审：分阶段多层次服务抽取送审全过程。在抽取阶段，支持毕业设计系统同步或自行上传论文，可采用手动批量抽取和一键随机抽取等多种方式进行。随机抽取过程中可根据专业、尾号等维度自定义抽取百分比。在送审阶段，支持送审至学校或送审至专家。送审至学校的论文直接推送至目标院校，送审至专家的论文可采用手动分配或随机分配的方式进行精准匹配，匹配后可查看专家接审及评阅状态，评审完成的论文可及时导出评审意见，评审意见导出模板支持自定义配置。

送审记录：针对送审至专家和送审至学校两种业务，完整记录每个送审批次的送审时间、评审截止时间、已分配/待分配论文数量、已评审论文数量、评审进度。未分配专家的论文可在此进行分配，对于已分配的论文可查看评审详情信息，还可以进行取消/重新分配及二次送审。

（2）接审管理。承接来源学校送审需求，服务目标学校接审工作。批量接收送审论文，采用随机或手动方式进行专家分配完成接审工作。动态监测论文的接收数量、分配数量、评审进度及评审结果。

（3）角色管理。灵活管理专家、教师及院系管理员账号信息，支持信息修改及角色转化。可编辑专家及院系管理员某些信息，批量设置教师为专家或院系管理员，批量取消或恢复专家资格。

（4）系统设置。自定义送审、接审过程中是否允许专家拒接及专家评审篇数的限制，实时查看及监测专家短信通知状态，保证送审相关工作及时传达给专家。

2. 过程管理指标

过程管理指标包括：

➢ 送审论文除去本人文献复制比：送审论文的查重比率。

➢ 送审论文占比/二次送审论文占比：送审及二次送审的论文占所有论文的比率。

➢ 专家评阅成绩/二次送审成绩：送审及二次送审论文的专家评阅成绩（分数及意见）。

➢ 送审合格率/二次送审合格率：根据学校对合格论文的界定条件，计算送审及二次送审的合格率。

➢ 专家评阅论文数量。

（五）职业岗位大数据分析子模块

职业岗位大数据分析子模块旨在提升高校人才培养与社会岗位人才需求的适配度、提升高度教育服务区域经济社会能力。平台系统整合企业基本信息、企业招聘信息、典型岗位信息、行业证书信息、专业名录信息、课程体系及课程内容等产教大数据，在此基础上，提供专业建设规划服务、岗位能力画像服务、专业岗位对接服务、人才需求分析服务等，全面助力高校的专业建设规划与区域产业布局的适应性、人才培养与社会劳动市场需求的契合度。

1. 核心模块

（1）岗位全景分析。建设典型岗位库，根据招聘市场反映的岗位需求，综合透视分析典型岗位，揭示某一具体岗位的需求情况。重点分析岗位工作任务、岗位胜任能力、岗位需求分布。

（2）专业对接岗位。提供以专业为中心的专业分析服务。建设专业数据库，呈现专业的基本情况。重点分析专业的就业面向、专业与岗位的对接关系。

（3）岗位需求分析。完成招聘企业相关内容（企业名称、所属行业、所属地域等）以及招聘岗位相关内容（岗位名称、招聘人数、工作地点、薪资待遇）规范的基础上，提供按照区域、行业进行岗位人才需求分析。同时支持按照调研工具指标进行标准化报告输出、个性化定制报告输出。

（4）岗位集群研究。应用可视化技术通过选择行业分类、企业类型、学历要求、工作年限、月薪区间、招聘岗位发布时间描述、挖掘、分析、构建、绘制和显示岗位之间的关系。

2. 过程管理指标

（1）行业岗位需求。

➤ 招聘数量概况：行业招聘岗位的行业分布、企业分布、月度/年度数量趋势。

➤ 热门岗位分布：行业不同地域、类型、学历、年限、企业的热门岗位分布。

➤ 岗位招聘结构：行业招聘岗位的学历构成、薪资构成、年限构成、企业构成。

➤ 岗位招聘薪资：行业招聘岗位的薪资水平，支持按照省份、学历、年限、企业不同维度进行薪资水平分析。

➤ 岗位关联图谱：行业招聘岗位集群、岗位方向、岗位发展路径、岗位谱系。

（2）岗位就业。

➤ 热门地区（全国地图）：分析岗位需求在全国范围内的分布情况。

➤ 热门地区（城市排名）：分析岗位需求量排名前20位的城市分布情况。

➤ 热门企业（企业排名）：分析岗位需求量排名前20位的企业分布情况。

➤ 平均薪资（分学历平均薪资）：根据学历类型分析不同学历该岗位的平

均薪资。
> 平均薪资(分年限平均薪资)：根据工作年限分析不同年限该岗位的平均薪资。
> 资格要求：分析岗位的学历要求、证书要求分布情况。
> 资历要求：分析岗位的工作年限、从业经验要求分布情况。
> 工作领域：显示岗位需要负责、参与的工作领域。
> 工作任务：显示岗位需要完成、承担的工作任务及事项。
> 综合素质：显示岗位综合素质要求，通过词云、列表呈现素质要求分布情况。
> 知识要求：显示岗位知识要求，通过词云、网络图、列表呈现知识要求分布情况，可通过代表程度的词语，聚类与之相关的知识点。
> 技能要求：显示岗位技能要求，通过词云、网络图、列表呈现技能要求分布情况，可通过代表程度的词语，聚类与之相关的技能点。
> 相似岗位：显示与当前岗位的相似岗位。
> 岗位方向：分析招聘市场中当前岗位的岗位发展方向。
> 对接专业：根据招聘岗位需求，分析当前岗位用人单位优先考虑的专业分布情况。

(3) 专业人才供给。
> 专业点设置：分析近3年专业点开设年度变化趋势、地区分布、院校设置情况。
> 人才规格：显示素质、知识、能力要求。
> 课程设置：显示专业课程、实习实训、公共基础课程。
> 职业能力：显示专业的主要职业能力要求。
> 职业证书：职业资格证书举例，呈现主要职业类别。
> 岗位面向：提供专业的主要岗位面向。
> 招聘优先岗位：分析招聘市场优先考虑当前专业的岗位分布情况。

(六) 高校教学质量监测与分析子模块

高校教学质量监测与分析子模块旨在帮助高校建立学生从本科入学到毕业全过程、多维度教与学的质量数据，并基于此数据，提供学生、教师、课程、专业、院系等不同维度教学过程质量的动态监测与全景分析服务，全面满足高校人才培养过程质量监测与增值评价的需求;同时,提供学校按需自定义教学质量绩效考核服务与教育质量数据填报服务,帮助高校构建适合自身发展需求与特色的教学质量评估体系,全面提升高校教学质量数据填报的效能。

1. 核心模块

(1) 教学质量全景分析。支持学校对同一学科、院系、专业或课程从不同学期/不同学年做纵向发展趋势分析,分析某一学科、院系、专业或课程近几年的教学质量变化趋势;支持学校横向比对所有院系、专业的作业完成率、作业质量满意度、实习实践满意度、论文首次提交重合率等,分析院系间的教学质量差异;支持学校基于论文首次提交重合率等可比指标项进行学校整体或某一学科全国高校、同类高校的比对分析,及时发现差异,调整教学质量管理策略。

(2) 动态监测与成效诊断。提供以学生为维度的学情动态监测,动态生成学生的学习画像,进行学情预警,帮助学生和教师了解其在学习过程中的发展变化情况,及时进行学习状态和教学策略的调整。

提供以教师为维度的教情动态监测,动态生成教师的教学画像,支持教师设置预警模式,帮助教师及时发现教学中存在的问题课程,动态调整对应课程的教学策略。

支持学生或教师自定义不同的学段区间,对个人的学习成效或教学成效进行各类指标变化趋势的周期评价分析。

以不同学期为维度,提供学生整体/各科学情报告、教师整体/各科教情报告。

(3) 教学质量数据填报。围绕高等教育质量监测、本科教学质量年报、"双一流"人才培养指标等教学质量相关数据统计与上报需求,支持高校组织校内教学质量数据的在线预填报与审核,支持多任务、多部门并行,辅以多源数据推送与系统算法核查功能,提高教学质量数据的获取效率及复用效率,降低高校对教学质量数据填报和管理的成本。

(4) 教学质量绩效考核。支持高校自定义绩效考核指标体系对本校教学质量情况进行考核及自评估,方便学校领导及教务处等教学管理相关部门及时了解本校各院系、教师的教学质量现状、变化趋势、存在的问题,进而为本校的教学质量管理决策提供数据支持,辅助高校及时调整教学管理策略、提升人才培养质量。

(5) 学校教学质量数据中台。全面整合互联网公开采集数据,学校教务、课程作业、实习实践、毕业设计、毕业等教学和业务系统数据，问卷调研数据和学校填报数据，在此基础上构建学生从入学、课程学习、实习实践、毕业设计、论文送审到毕业整个过程中教与学全流程、贯通式的教学质量数据指标体系，打造以立德树人成效评估为根本目标、贯通高校教育教学全过程的教学质量数据中台。

六、决策支持"驾驶舱"

变化是一种常态，高校如何在数据来源不同、数据类型繁多等复杂关联下，直观、清晰地掌握本校建设情况、明确下一步发展路径尤为重要。"驾驶舱"是对教育大数据中台及各个业务平台所沉淀的多来源多类型的数据、分析进一步的可视化展示，为高校教育发展决策提供数据支撑和客观依据。

决策支持"驾驶舱"以可视化面板的形式展示高校教育发展态势的关键指标，如本校基本信息、学科建设成效、师资队伍结构、教育教学质量等方面的综合情况。一方面供职能部门和学校领导一屏全览并及时了解本校关键指标状态和建设成效，服务决策；另一方面可用于学校发展建设情况的对外宣传展示。以学科建设关键指标"驾驶舱"为例，其以多种图形展示本校基本信息、院系设置、科研平台、学科布局、学院成果贡献度、教师人员概况等关键指标，直观呈现本校学科建设情况。

（执笔：强浩、张志辉、姚博、张莹、侯安龙）

主要参考文献 | References

BANDOLA-GILL J, GREK S, TICHENOR M. Knowledge production for the SDGs: developing the global indicators[M]//governing the sustainable development goals: quantification in global public policy. Cham: Springer International Publishing, 2022: 19-39.

BEBLAVY M, BAIOCCO S, KILHOFFER Z, et al. Index of readiness for digital lifelong learning: changing how europeans upgrade their skills[J]. CEPS Papers, 2019.

DONG X, LI R, HE H, et al. Secure sensitive data sharing on a big data platform[J]. Tsinghua Science & Technology, 2015, 20(1): 72-80.

DAMA 国际. DAMA 数据管理知识体系指南[M]. 北京: 机械工业出版社, 2020: 16-17.

包冬梅, 范颖捷, 李鸣. 高校图书馆数据治理及其框架[J]. 图书情报工作, 2015(18): 134-141.

鲍劼, 李丕仕, 都平平, 等. 高校图书馆面临的数据安全问题及防护策略研究[J]. 现代情报, 2017, 37(7): 996.

北京市教育委员会. 北京工商大学加快推进教育数字化转型发展[EB/OL]. (2023-03-09)[2023-10-16]. http://www.moe.gov.cn/jyb_xwfb/s6192/s222/moe_1732/202303/t20230309_1049927.html.

毕马威中国大数据团队. 洞见数据价值大数据挖掘要案纪实[M]. 北京: 清华大学出版社, 2018: 4.

毕天睿, 王昕. 数据驱动决策支持系统在高校教育质量管理中的应用[J]. 中国教育信息化, 2016(3): 60-62.

边志锋. 陕西高校教育信息化水平综合评价研究: 基于结构方程模型[J]. 统计与

信息论坛,2016,31(7):83-88.

常桐善.高等教育大数据建设路径:美国的经验及其对中国的启示[J].重庆高教研究,2022,10(4):20-30.

陈海涛.基于AHP的高校信息化评价指标体系研究[J].现代情报,2007(10):191-192+207.

陈吉利.英国学校信息化自我评估指标述评[J].中国电化教育,2008(6):28-31.

陈丽荣.基于大数据分析的高校教育管理服务模式构建研究[J].西安电子科技大学学报(社会科学版),2018,28(2):64-70.

陈鹏.共教、共学、共创:人工智能时代高校教师角色的嬗变与坚守[J].高教探索,2020(6):112-119.

陈文捷,蔡立志.大数据安全及其评估[J].计算机应用与软件,2016,33(4):34-38+71.

程学旗,靳小龙,王元卓,郭嘉丰,张铁赢,李国杰.大数据系统和分析技术综述[J].软件学报,2014,25(9):1889-1908.

付登坡,江敏,任寅姿,等.数据中台让数据用起来[M].北京:机械工业出版社,2020:22-199.

高一乘,杨东.应对元宇宙挑战:数据安全综合治理三维结构范式[J].行政管理改革,2022(3):41-50.

顾小清,林阳,祝智庭.区域教育信息化效益评估模型构建[J].中国电化教育,2007(5):23-27.

郭馨泽,易鑫.北京外国语大学试点人工智能助推教师队伍建设:从"试验者"到"倡议者"[N].中国教育报,2021-09-15.

韩靖,邓尚民,刘文云.高校信息化测度指标体系建立与指标权重的计算研究[J].情报杂志,2007(1):133-135.

韩锡斌,陈香妤,刁均峰,等.高等教育教学数字化转型核心要素分析:基于学生和教师的视角[J].中国电化教育,2022(7):37-42.

何克抗.21世纪以来的新兴信息技术对教育深化改革的重大影响[J].电化教育研究,2019,40(3):5-12.

何永松.大数据驱动政府决策变革的前提、转向和关键[J].行政科学论坛,2019(6):29-33.

贺占魁,黄涛.高校智慧教室的建设理念、模式与应用展望:以华中师范大学为例[J].现代教育技术,2018,28(11):54-60.

华东师范大学.华东师大信息化成果入选教博会数字化转型应用标杆案例展示[EB/OL].(2022-09-29)[2023-10-16].https://xcb.ecnu.edu.cn/b0/07/c35313a503815/page.htm.

华中师范大学.华中师范大学本科教育质量报告(2017—2018学年)[R],2018.

华中师范大学.华中师范大学"四维发力"积极推进教育数字化转型发展[EB/OL].(2022-08-12)[2023-10-16].http://www.moe.gov.cn/jyb_xwfb/s6192/s133/s201/202208/t20220812_652295.html.

黄兴胜,黄少成.新中国成立70年来高等教育强国建设的历史逻辑与启示[J].中国高教研究,2019,316(12):29-35+41.

姜红德."信创"政策聚力[J].中国信息化,2020(9):32-35.

教育部.《正道奇兵 以变迎新 积极探索深化教师队伍建设改革的新路径——教育部教师工作司负责人就〈关于开展人工智能助推教师队伍建设行动试点工作的通知〉答记者问》[EB/OL].[2023-10-17].http://www.moe.gov.cn/jyb_xwfb/s271/201808/t20180831_346704.html.

兰国帅,郭倩,魏家财,等.5G+智能技术:构筑"智能+"时代的智能教育新生态系统[J].远程教育杂志,2019,37(3):3-16.

雷文彬.智慧校园环境下高校大数据的治理及应用策略[J].工程技术研究,2022,7(5):210-213.

李白杨,张心源.数字图书馆建设中大数据问题初探[J].情报科学,2013,31(11):26-29.

李海龙.高等教育高质量发展:理论错觉、现实挑战与路径构建[J].江苏高教,2023,No.265(03):39-47.

李林,钱丹丹,黄婷婷,等.高校信息化数据治理探讨[J].中国教育信息化,2020(17):66-68.

李铭,韩锡斌,李梦,等.高等教育教学数字化转型的愿景、挑战与对策[J].中国电化教育,2022(7):23-30.

李书宁.数据驱动的精准化文史学科服务探索与实践:以北京师范大学文史学科服务为例[J].图书情报工作,2018,62(24):87-92.

李馨.高等教育大数据分析:机遇与挑战[J].开放教育研究,2016,22(4):50-56.

李志河,潘霞,刘芷秀,伊洁.教育信息化 2.0 视域下高等教育信息化发展水平评价研究[J].远程教育杂志,2019,37(06):81-90.

王树乔.基于 SBM 模型的高等教育信息化水平效率测度研究[J].当代职业教育,2018,No.91(01):27-31.

陈敏,范超,吴砥,徐建,王娟.高等教育信息化应用核心评估模型研究[J].中国电化教育,2017,No.362(3):50-57.

林楠.数字化环境下高中历史开展个性化学习的实践[J].家长,2022(27):114-116.

刘邦奇,张金霞,胡健等.智能+教育:产业现状,热点及发展趋势——2020 年中国智能教育产业发展研究[J].电化教育研究,2021,42(11):8.

刘桂锋,阮冰颖,包翔.数据生命周期视角下高校科学数据安全内容框架构建[J].情报杂志,2021,40(2):146-153.

刘军跃,徐刚,黄伟九.高等教育信息化评价指标体系探讨[J].高教探索,2004(3):47-49.

刘露,杨晓雷.新基建背景下的数据治理体系研究:以数据生命周期为总线的治理[J].治理研究,2020,36(4):59-66.

刘献君.开展院校研究,推进现代大学管理[J].中国高等教育,2007(22):26-28.

罗义强,陈智斌.基于改进粒子群算法的高校排课问题优化[J].计算机应用与软件,2018,35(6):241-247.

吕建强,许艳丽.5G 赋能数字时代的教育公平刍议[J].中国电化教育,2021(5):18-26.

马建光,姜巍.大数据的概念、特征及其应用[J].国防科技,2013,34(2):10-17.

聂文梅,刘宏英,宋晓霞,等.机器学习在高校大数据的应用现状与趋势[J].山西大同大学学报(自然科学版),2022,38(1):39-44.

潘俊.加快产教融合助力职教高质量发展[J].中国农村教育,2021,(3):1.

潘锡泉,郭福春."双高"建设背景下高职院校科研创新能力不足的原因分析及提升策略[J].教育与职业,2022(18):51-56.

蒲善荣.高校教育信息化多级指标评价体系与测度模型构建[J].四川文理学院学报,2016,26(3):140-149.

齐爱民,盘佳.数据权、数据主权的确立与大数据保护的基本原则[J].苏州大学学报(哲学社会科学版),2015,36(1):64-70+191.

瞿妍.既要"火眼金睛",也要"七十二变":数字化教学环境下对学生学习行为的观察评估与调适[J].新课程,2020(28):120-121.

上海教育.上海交通大学以教育数字化改革赋能高质量发展[EB/OL].(2022-06-14)[2023-10-16].http://edu.sh.gov.cn/xwzx_bsxw/20220614/ad40f9eec767476bbc31de8eb794a4b9.html.

上海教育.上海理工大学以教育数字化助推学校治理现代化[EB/OL].(2022-04-08)[2023-10-16].http://edu.sh.gov.cn/xwzx_bsxw/20220409/a051dd6ad91e46fcb50c41ebcc482609.html.

沈阳,田浩,曾海军.大数据时代的教育:若干认识与思考:访中国科学院院士梅宏教授[J].电化教育研究,2020,41(7):5-10.

盛婷婷,夏紫菱.数字化时代企业大学建设的思考[J].商讯,2021(1):183-184.

石江瀚,佟泽华,孙晓彬,耿嘉涵,陈兆娟.科研大数据风险传导的机理研究[J].情报理论与实践,2022,45(4):17-26.

世界慕课与在线教育联盟秘书处.世界高等教育数字化发展指数构建:《无限的可能:世界高等教育数字化发展报告》节选六[J].中国教育信息化,2023,29(1):61-72.

孙冰红,陈桐超.论大数据在高校决策管理中的影响作用[J].陕西教育(高教),2019(6):43-46.

孙德梅,王莉.基于灰色关联聚类分析的教育信息化水平评价方法分析[J].科技与管理,2007(5):10-12.

孙翕.基于泛在学习理论下翻转课堂教学模式的设计与实践[J].计算机教育,2022(7):180-184.

孙有中,唐锦兰.人工智能时代中国高校外语教师队伍建设路径探索:"四新"理念与"四轮"驱动模式[J].外语电化教学,2022(3):3-7+101.

唐锦兰.外语教育数字化研究前景展望[M]//王定华,杨丹.智能与赋能:中国外语教育数字化展望.北京:外语教学与研究出版社.2022:165-179.

腾讯研究院,2022人工智能教育蓝皮书.

汪琼,陈瑞江,刘娜,等.STaR评估与教育信息化研究[J].开放教育研究,2004(4):10-14.

王宝义.大数据时代美国数据驱动决策系统教育的应用与启示[J].黑龙江高教研究,2019(4):70-72.

王定华,杨丹.智能与赋能:中国外语教育数字化展望[M].北京:外语教学与研究出版社,2022.

王浩,张会庆,陈烽.面向教育新基建的高校信息化成熟度模型及其评价体系研究[J].西藏民族大学学报(哲学社会科学版),2022,43(6):100-108.

王虎,谢俊.高校管理信息系统建设探索[J].电子科技大学学报,1994(S1):47-50.

王健,郑旭东.新时代信息化促进高校思想政治教育的思路、框架与建议[J].电化教育研究,2022,43(1):100-105.

王延明,许宁.高校信息安全风险分析与保障策略研究[J].情报科学,2014,32(10):134-138.

吴砥,尉小荣,卢春,石映辉.教育信息化发展指标体系研究[J].开放教育研究,2014,20(1):92-99.

吴刚.高校大数据治理体系构建刍议[J].教育评论,2018(7):65-68.

吴海燕,蒋东兴,袁芳,付小龙,戚丽,杜炤,苗春雨.教育信息化绩效评价指标体系研究[J].武汉大学学报(理学版),2012,58(S1):48-52.

吴军.智能时代:大数据与智能革命重新定义未来[M].北京:中信出版集团,2019:1.

吴俊杰,郑凌方,杜文宇,等.从风险预测到风险溯源:大数据赋能城市安全管理的行动设计研究[J].管理世界,2020,36(8):189-202.

武飞周,薛源.智能算法综述[J].工程地质计算机应用,2005(2):7.

奚晓丽,焦苇.上海发布教育数字化转型实施方案到2023年建成全国教育数字化转型标杆[J].上海教育,2021(33):1.

厦门大学.厦门大学以"四个强化"推进教育数字化改革发展[EB/OL].(2022-10-01)[2023-10-16].https://ctld.xmu.edu.cn/info/1024/2643.htm.

谢浩然,陈协玲,郑国城,等.人工智能赋能个性化学习:E-Learning推荐系统研究热点与展望[J].现代远程教育研究,2022,34(3):15-23+57.

谢幼如,常亚洁.绩效导向的教育信息化评价模型的构建[J].中国电化教育,2015,336(1):56-61+92.

熊秋娥.基于数据包络分析的高校教育信息化绩效评价研究:以江苏省部分高校为例[J].徐州师范大学学报(教育科学版),2011(3):30-34.

闫利平,申灿.创新大数据时代地方政府决策模式研究[J].中共天津市委党校学报,2016(5):60-66.

杨萍.我国构建一体化国家大数据中心治理路径设置[J].河南社会科学,2020,28(4):90-99.

杨宗凯.高等教育数字化发展:内涵、阶段与实施路径[J].中国高等教育,2023(2):16-20.

余鹏,李艳.基于教育大数据生态体系的高校智慧校园建设研究[J].中国电化教育,2018(6):8-16.

余胜泉,陈璠.智慧教育服务生态体系构建[J].电化教育研究,2021,42(6):5-13.

俞可平.治理与善治[M].北京:社会科学文献出版社,2000:270-271.

袁利平,林琳.大数据赋能高等教育治理的逻辑理路、现实境遇及行动选择[J].高校教育管理,2022(3):32-45.

张进宝.从"六要素模型"到"CIPO模型":教育信息化研究思路的再审视[J].中国电化教育,2008(10):5-9.

张学锋,黄子辉.基于遗传算法的BP神经网络入侵检测系统在校园网中的应用[J].计算机与现代化,2010(8):18-21.

张又伟.教育部深入实施"教育数字化战略行动"[J].教育与装备研究,2022,38(3):1.

郑蕴铮,郑金洲.教育行动研究:成效、问题与改进[J].教育发展研究,2020(4):18-23.

中国信通院.人工智能发展白皮书产业应用篇(2018年)[R].北京:中国信息通信研究院、中国人工智能产业发展联盟,2018.

钟绍春,钟卓,范佳荣,等.智能技术如何支持新型课堂教学模式构建[J].中国电化教育,2022:21-29+46.

钟英华.高等师范院校教育数字化战略行动的构想与举措[J].中国教育信息化,2022,28(8):3-9.

钟志琛,尚方,刘生.新一代信息安全防护体系架构研究[J].中国电力,2016,49(S1):16-20.

周平红.我国高等教育信息化水平测评与发展预测研究[D].华中师范大学,2012.

周萍.大数据时代下高等教育管理的挑战及对策[J].武夷学院学报,2017,36

(10):4.

朱海龙,胡鹏.高校校园网络安全管理问题与对策研究[J].湖南社会科学,2018(5):98-109.

祝守宇,蔡春久等.数据治理工业企业数字化转型之道[M].北京:电子工业出版社,2020:78-107.

卓小柳.数字化转型背景下高校档案信息化建设与服务创新研究[N].山西科技报,2022-07-25(B07).

左宁.数字化时代下大学英语教学模式改进措施分析[J].现代英语,2022(4):1-4.

后记 | Postscript

《大数据赋能高等教育》书稿的顺利完成,得益于上海大学数字经济与管理创新团队的全力支持,得益于项目组全体成员的不懈努力。陈秋玲、彭贤杰、霍伟伟全程参与书稿的策划、设计、审稿和定稿,杨青参与了书稿的校对、合稿及修订工作。各章分工如下:前言陈秋玲、杨青,第一章陈秋玲、刘伟、黄天河、余宁,第二章刘伟、陈秋玲,第三章霍伟伟、严思远、梁咏梅、彭贤杰、徐心怡、王一昕,第四章李钰,第五章周炜,第六章彭贤杰、霍伟伟、王一昕、梁咏梅、严思远、徐心怡,第七章陈秋玲、狄子龙、周炜、石婵娟,第八章周炜、顾爱军,第九章强浩、张志辉、姚博、张莹、侯安龙。

本书稿的顺利出版,离不开上海大学出版社的大力支持,离不开审读专家的严谨细致,以及编辑老师认真负责、一丝不苟的工匠精神,特别感谢所有专家和编辑!

本书稿是"大数据赋能高等教育"项目团队的一项集体成果,在撰写过程作者引用了大量统计数据、政策文本以及专家学者的研究成果,主要参考文献都附在文末。